Regula Brühwiler-Giacometti

Seitensprungkind

Regula Brühwiler-Giacometti

Seitensprungkind

Lektorat: Katja Völkel, Dresden
Umschlaggestaltung: werbemacher.ch, Thun
Umschlagabbildung: Cornelius Fischer, Aarau
Layout und Satz: GGP Media GmbH, Pößneck
Druck und Bindung: GGP Media GmbH, Pößneck
ISBN: 978-3-906287-34-8

Inhalt

Vorwort

Leibliche Eltern, Pflegeeltern, biologische Eltern, Adoptiveltern, Ursprungseltern, physische Eltern, natürliche Mutter, Bauchmami – es gibt unzählige Bezeichnungen, wie ein adoptiertes Kind seine Eltern nennen kann. Hinter jedem Adoptierten stehen immer zwei Paar Eltern. Was für ein Glück, könnte man meinen! Aber welche Rolle spielen alle diese verschiedenen „Eltern" im Leben eines Adoptierten?

Sicher waren in meinem Leben für mich die allerwichtigsten Bezugspersonen meine Adoptiveltern, die mich aufgenommen, aufgezogen und umsorgt haben. Ich werde sie in meinem Buch Mami und Papi nennen, so wie ich immer zu ihnen gesagt habe. Denn diese Bezeichnung ist die intimste und sie sagt aus, dass sie meine Herzenseltern waren. Sehr lange wollte ich gar nichts über meine leiblichen Eltern wissen. Sie existierten für mich quasi gar nicht. Ja, sie hatten mich gezeugt und meine leibliche Mutter hatte mich 9 Monate in ihrem Bauch getragen – aber sie hatten mich verlassen! Ich konnte nicht verstehen und nachvollziehen, wie man sein eigenes Kind einfach weggeben kann. Es interessierte mich überhaupt nicht zu wissen, wer diese Menschen waren. Ich hörte es auch nicht gern, wenn meine Eltern über die Adoption sprachen, denn ich wollte nur das Kind von meiner Mami und meinem Papi sein.

Erst viel später, als mein Sohn zur Welt kam, musste ich feststellen, dass er eigentlich mein erster wirklicher Verwandter war, den ich zu Gesicht bekam. Die erste Person, die ich kannte, die ein Teil meiner Gene und meiner Anlagen in sich trug. Und mein kleiner André glich mir sogar in gewissen Dingen. Das war ein gewaltiges Erlebnis, das auch ein paar Fragen betreffend meiner Vergangenheit aufwarf. Plötzlich wollte ich mehr wissen. Was habe ich denn von meinem leiblichen Vater und meiner leiblichen Mutter geerbt? Wie sehen sie aus? Besteht eine gewisse Ähnlichkeit? Zudem interessierte mich auch zu erfahren, ob in ihren Familien Erbkrankheiten existierten. In der heutigen Zeit wird man von Ärzten konstant darauf angesprochen, ob gewisse Krankheiten in der Familie schon vorgekommen sind. „Ich weiß es nicht, ich bin adoptiert worden", war meine Standardantwort beim Arzt. Aber jetzt, wo ich selber einen Nachkommen hatte, wollte ich doch ein bisschen mehr über meine Herkunft erfahren. Und so habe ich angefangen zu recherchieren, was vor 30 Jahren noch ein aufwendiges Unterfangen war. Das Adoptionsverfahren stand immer noch unter Geheimhaltung und ich kam nur sehr mühsam an spärliche Informationen heran. Ein Kapitel dieses Buches ist dieser Suche gewidmet. Es zeigt auch auf, wie viel einfacher es heute für die Adoptierten ist, an ihre Akten zu kommen. Man hat heute allgemein einen viel lockereren Umgang mit dieser Thematik.

Das einstige Tabuthema boomt in der letzten Zeit in den Medien. Es vergeht kaum eine Woche, ohne dass nicht in der Zeitung, im Fernsehen oder im Internet das Thema

Pflegekind oder Adoption aufgegriffen wird. „Familiensuche“ „Suche nach den Wurzeln“ „Meine fremde Heimat“ etc.: Adoptionsgeschichten scheinen das Publikum zu faszinieren. So kam auch kürzlich der berührende Film „Lion“ ins Kino, den ich nur empfehlen kann. Er erzählt die Geschichte eines indischen Knaben, der von einer australischen Familie adoptiert wurde und sich auf die Suche nach seiner leiblichen Familie macht. Es gibt wirklich viele tolle Berichte und wahre Geschichten über Adoptierte und über die Suche nach den Wurzeln. Diverse Dokumentationen zeigen die Suche und die Begegnung mit den Ursprungseltern und zeichnen sich durch viele emotionale Momente und rührende Szenen aus. In meinem Buch möchte ich noch einen Schritt weitergehen und das Ganze anhand meines Beispiels tiefer beleuchten – was sicher auch nur subjektiv geschehen kann. Was passiert wirklich im Inneren eines Adoptierten vor einem solchem Treffen? Wie wichtig ist es, seinen Ursprung zu kennen? Wie kann diese Begegnung einem helfen, seine eigene Lebensgeschichte besser zu verstehen?

In einigen Kapiteln werde ich kleine Ausschnitte aus den Büchern „Mit den Augen eines Kindes sehen lernen“ von Dr. Bettina Bonus zitieren. Sie sind für mich so treffend formuliert und helfen, ein tieferes Verständnis zu entwickeln dafür, was es bedeutet, adoptiert zu sein. Frau Dr. Bonus hat sich über 20 Jahre intensiv mit der Problematik von Pflege- und Adoptivkindern beschäftigt und sich mit den Auswirkungen einer Adoption auseinandergesetzt. Dabei konnte sie viele Kinder begleiten. Ihre Beobachtungen und Erfahrungen hat sie in ihrer sehr intensiven praktischen Arbeit als Erzieherin, Pflegemutter und als Assistenzärztin in der Kinder- und Jugendpsychiatrie gesammelt. Sie hat auch mir die Augen geöffnet und die Tragik einer frühen Trennung von der leiblichen Mutter erkennen lassen. Eine Pflichtlektüre für alle Pflege- und Adoptiveltern!

„Seitensprungkind" ein bewusst provokativ formulierter Titel. Ich habe viel am Titel dieses Buches gebastelt, aber keiner konnte mich überzeugen. So lautete er zuerst „Giacomettis Adoptivtochter" oder „Die ausgewählte Tochter". Wie es zu „Seitensprungkind" kam, kann ich im Nachhinein nicht erklären, es war ein plötzlicher Einfall, aber der Titel hat sofort all den wenigen Leuten, die ich in mein Projekt eingeweiht habe, und dem Verlag gefallen. Wie viele andere teile auch ich das Schicksal, eines dieser Kinder zu sein, die aus einer Affäre hervorgingen. Mein leiblicher Vater ging mit meiner leiblichen Mutter eine Affäre ein, er war bereits verheiratet. Diese Beziehung hatte Folgen: mich. Hatte er je erfahren, was seine heimliche Liebschaft hervorgebracht hatte? Weiß er, dass er auf diesem Planet noch eine Tochter hat? Vielleicht bin ich sogar seine einzige Tochter!

Das Thema Adoption ist und wird immer Interesse wecken. Spannend ist es auch, einen Blick weiter zurück in die Geschichte der Adoption zu werfen. Der Begriff Adoption kommt vom lateinisch *adoptio*. Diese Form der Annahme der Kinder war bereits im römischen Recht bekannt, also schon vor der Geburt Christus (vor über 2000 Jahren!). Sie bezeichnet die rechtliche Begründung eines Eltern-Kind-Verhältnisses zwischen dem Annehmenden und dem Kind ohne Rücksicht auf die biologische Abstammung. Gaius (Iulius) Caesar, geb. 20 v.Chr., war ein Adoptivsohn des römischen Kaisers Augustus und bis zu dessen Tod sein designierter Nachfolger. Von Augustus zu möglichen Nachfolgern bestimmt, wurden er und sein jüngerer Bruder Lucius 17 v.Chr. von diesem adoptiert. Gaius Caesar übernahm zahlreiche Ämter und Titel, unter anderem den des princeps iuventutis („Führer der ritterlichen Jugend"). 4 v.Chr. wurde er für das Jahr 1 n.Chr. zum Konsul designiert und Pontifex.

Früher musste ein Chinese, der keine männlichen Nachfahren hatte, einen Jungen adoptieren, damit seine Familie „Ruhe vor seinem Geist" hatte. Adoptierte und Pflegekinder bevölkern die Mythen und Sagen vieler Kulturen: Moses lag in einem Weidenkörbchen auf dem Nil, aus dem ihn die Tochter des Pharaos rettete und den kleinen Jungen aufzog. Auch Ödipus' Eltern haben einst ihren Sohn weggegeben.

Die Adoption, d.h. die Kindesannahme, ist ein Rechtsinstitut, das in vielen Rechtskulturen stets das Gleiche bezweckt hat, aber immer wieder aus anderen Motiven heraus entwickelt worden ist. Es geht um die Herstellung eines Eltern-Kind-Verhältnisses. Der seiner Vergänglichkeit bewusste Mensch, dem Kinder und Erben versagt sind, möchte dank der Adoption in Nachkommen weiterleben. Er wünscht sich den Fortbestand seines Namens und seines Familienbesitzes. Früher diente das Institut der Adoption der Sicherung der Nachfolge.

In der schweizerischen Rechtstradition fand die Adoption erst Eingang durch die Aufnahme des römischen

Rechts, und brachte die Einführung der Adoption in einigen Kantonen im 19. Jahrhundert. Die Wirkung bestand in allen Regelungen in der Schaffung eines Eltern-Kind-Verhältnisses. Erst 1907 wurde die „Annahme eines Kindes“ im Schweizerischen Zivilgesetzbuch (ZGB) aufgenommen, es handelte sich um die Form einer *adoptio minus plena* (weniger volle Adoption), die schon im römischen Recht vorgebildet war. Später, im Jahre 1973, trat dann, gestützt auf das Leitbild einer „Erziehungs- bzw. Fürsorgeadoption“ und unter Berücksichtigung internationaler Rechtsentwicklungen, das neue Adoptionsrecht in Kraft. Das Adoptionsrecht untersteht permanent Revisionen. So wurde in der Schweiz kürzlich die Stiefkindadoption für Ehepaare angenommen. Aktuell steht zur Diskussion, ob auch die Adoption für gleichgeschlechtliche Paare eingeführt werden soll. Ob ein Kind unbedingt Mann und Frau als Eltern braucht, um sich gut entwickeln zu können, kann und möchte ich an dieser Stelle nicht beurteilen. Das Wichtigste ist sicher, welche Voraussetzungen und Fähigkeiten mitgebracht werden.

Mein Buch widmet ein Kapitel dem Vergleich der Adoptionsverfahren von früher und heute. Bezugnehmend auf diese Thematik findet man hier die bewegende Adoptionsgeschichte einer Freundin von mir, die regelrecht ihrer leiblichen Mutter entrissen wurde. Diese Episode zeigt auf, wie man in den 60er-Jahren mit alleinstehenden Müttern umging. Auch dieses Kapitel wird mit der Erzählung von befreundeten Eltern, die in der heutigen Zeit ein Kind adoptiert haben, vervollständigt. Es sind rührende Erfahrungsberichte, die ich unbedingt in dieses Buch integrieren wollte.

Meine Kindheit, die schwierige Pubertät und die Midlifecrisis sind auch Teil dieses Buches. Zudem werde ich über meine Suche nach den leiblichen Eltern und meine spätere Identitätsfindung berichten. Zum Abschluss gewähre ich einen Einblick über meine Arbeit beim Gericht und der KESB (Kindes- und Erwachsenenschutzbehörde), der mit einem Interview mit einer Fachrichterin ergänzt wird. Ich erzähle auch über meine langjährige Tätigkeit als Gerichtsdolmetscherin und werde über einige spektakuläre Gerichtsprozesse, bei denen ich übersetzt habe, berichten.

In meinem Buch befasse ich mich ausschließlich mit Inlandsadoptionen. Auslands- und internationale Adoptionen würden den Rahmen sprengen. Internationale Adoptionen sind sicher auch ein ganz spannendes Gebiet, wenn man bedenkt, dass zu meiner Jugendzeit ein riesiges Millionengeschäft entstanden ist und leider auch ganz viele Schwarzadoptionen getätigt wurden. Später wurden zum Glück die Bestimmungen in vielen Ländern, auch Drittländern, verschärft und eine bessere Kontrolle eingeführt.

Adoptieren ist auch heutzutage „in", vielleicht momentan sogar eine Modeerscheinung, wie man bei so manchen prominenten Menschen beobachten kann. Das berühmteste und bekannteste Beispiel darunter ist sicher Angelina Jolie und Brad Pitt, die gleich drei Kinder zu sich holten. Nicht zu vergessen Madonna, die gar vier Kinder adoptiert hat. Es bleibt nur zu hoffen, dass sich alle Menschen zuvor auch ernsthaft damit auseinandergesetzt haben, welch herausfordernde Aufgabe es ist, Kinder mit den verschiedensten Hintergründen aufzunehmen. Kinder sind keine Prestigeobjekte.

Es gibt aber auch viele Stars und bekannte Persönlichkeiten, die selbst adoptiert wurden, man denke da nur an Marilyn Monroe, Jack Nicholson, Eric Clapton, Mike Tyson und Nelson Mandela. Auch der deutsche Politiker Willy Brandt wurde unehelich geboren und lernte seinen Vater nie kennen. Adoptiert wurde auch der Apple-Gründer Steve Jobs. Also hat ein adoptiertes Kind durchaus Chancen, im Leben Erfolg zu haben!

Außerdem gibt es noch die unehelichen Kinder von bekannten Sportlern, Politikern und anderen prominenten Persönlichkeiten, bei denen man versucht hat, die Angelegenheit so lange wie möglich geheim zu halten. Wir alle erinnern uns an die Schlagzeilen über den Seitensprung von Boris Becker, der mit seiner „Besenkammeraffäre", dem Model Angela Ermakowa, eine uneheliche Tochter zeugte. Doch früher oder später kommt die Wahrheit meist ans Licht. Gerade in diesem Jahr stand in einem Artikel der Aargauer Zeitung ein Ausschnitt aus einem Interview, das der ehemalige Schweizer Skirennfahrer Bernhard Russi etwa vor vier Jahren gegeben hatte: „Ich hatte nicht nur zwei Frauen in meinem Leben, ich war kein Kostverächter und kein Ministrant. In der Theorie ist es möglich, dass irgendwo ein Kind von mir auftaucht. Er oder sie wäre mindestens 45 Jahre alt. Ganz ehrlich, fast jeder Mann in meinem Alter müsste diese Antwort geben."

Ich teile daher mein Schicksal als uneheliches Kind mit tausenden anderen. Das tröstet mich ein wenig. So gibt es viele andere, die nicht wissen, wer ihr leiblicher Vater ist. Neben den adoptierten und den aus einer unehelichen Beziehung entstandenen Kindern leben auch noch tausende

Pflegekinder in der Schweiz in Heimen oder in Pflegefamilien. Es sind aktuell circa 18 000 Kinder, was ungefähr gut einem Prozent der Wohnbevölkerung im Alter zwischen 0 und 18 Jahren, nach Angaben der PACH (Pflege- und Adoptivkinder Schweiz), für das Jahr 2017 entspricht.

Nicht zu vergessen sind die Kuckuckskinder, wie man diejenigen Kinder nennt, die Frauen einem Mann unterjubeln, ohne dass sie von ihm sind. Der ahnungslose Mann zieht dann ein Kind auf, welches die Gene eines anderen trägt. Das kommt häufiger vor, als man denkt. Es wird gesagt, dass es eine große Dunkelziffer von Kindern gibt, die während der Ehe mit anderen Männern gezeugt worden sind. Es wird behauptet, dass circa ein Zehntel aller Kinder, die in einer Ehegemeinschaft auf die Welt kommen, Kuckuckskinder seien. Viele von ihnen merken, dass sie etwas anders ticken als der Rest der Familie, ohne zu wissen, weshalb. Andere wiederum wachsen glücklich und zufrieden auf, ohne den geringsten Verdacht zu haben. Kuckuckskinder sind auch alles Seitensprungkinder!

Wie mein Leben als Kind verlief, das in jungem Alter in eine Adoptivfamilie kam, und welchen Einfluss diese Adoption auf mein weiteres Leben hatte, möchte ich in diesem Buch teilen. Sich diese Geschichte wieder vor Augen zu führen, längst Verdrängtes an die Oberfläche zu holen, war ein schwieriger Prozess, der mir aber am Ende helfen sollte, mich mit meiner Biografie zu versöhnen.

Heimatlos

Im Dezember 2013 saß ich im Zug Richtung Lugano. Diese Reise hatte ich schon unzählige Male gemacht, hauptsächlich in diesem Jahr, als meine Mami sehr krank wurde und ich sie fast jedes Wochenende besuchte. Doch diesmal war es anders. Ich reiste heim, aber meine Mami war nicht mehr da. Die großen Sorgen um sie waren verflogen. Mit den Sorgen war aber auch sie weg. Niemand erwartete mich nun in Lugano. Ich musste noch diverse administrative Arbeiten erledigen und hatte dafür ein Hotelzimmer gebucht, nicht weit entfernt vom Haus, in dem meine Mami die letzten Jahre gelebt hatte. Es war ein mulmiges Gefühl.

Früher habe ich mich jedes Mal riesig gefreut, wenn ich den Gotthardtunnel passiert hatte und an Airolo vorbeifuhr. Nun war ich wieder in meinem geliebten Tessin! All die schönen Erinnerungen an meine Kindheit und Jugendzeit mit ihren Ausflügen, Freundschaften, Pfadfinderlagern, Ballett und ganz besonders die Gedanken an meinen lieben Papi wurden wieder geweckt. Heute war ich traurig. Ich dachte an meine Mami, die erst kürzlich verstorben war. Und wie ein Blitz traf mich eine Feststellung, ein Gedanke den ich nie zuvor hatte: Ziemlich genau vor 55 Jahren – es war auch im Dezember – hatte meine Mami die gleiche Reise unternommen wie ich jetzt, mit mir, als achtwöchiges Baby. Eingewickelt und in eine kleine Tragetasche, brachte sie mich in meine neue Heimat, zu meiner neuen Familie. Sie hatte mich in Rapperswil bei der Adoptionsvermittlungsstelle abgeholt. Es war sicher eine große Aufregung für sie und auch für mich. Ich wurde in meinem kurzen Leben zu diesem Zeitpunkt bereits zum dritten Mal aus der gewohnten Umgebung herausgerissen und fremdplatziert. Nie zuvor hatte ich auf meinen Fahrten nach Lugano diese Gedanken, sie kamen jetzt, wo scheinbar alles zu Ende war.

Am Bahnhof angekommen, nahm ich, wie üblich, den Bus Richtung Lugano-Cassarate. Doch diesmal war das Ziel nicht mehr die Wohnung meiner Mami, sondern ein fremdes Zimmer in einem Hotel. Der Weg dorthin führte jedoch an meinem Elternhaus vorbei. Das fühlte sich komisch an. Ich bezog mein Zimmer und flüchtete sofort wieder ins Freie. Zum Glück musste ich einen Termin bei der Bank wahrnehmen und konnte nicht zu viel darüber nachdenken. Die Gefühle überwältigten mich erst später. Ein wenig Ablenkung bekam ich auch durch eine Kindheitsfreundin, die soeben aus den USA nach Lugano gekommen war, um ihre Eltern zu besuchen.

Ich lief wieder am Haus meiner Mami vorbei und konnte es kaum fassen, dass sie nicht mehr dort lebte und jetzt eine andere Person in ihrer Wohnung hauste. Ich hatte kein Zuhause und keinen Heimathafen mehr! Es war ein unfassbares Gefühl, auf das ich nicht vorbereitet war. Ich fühlte mich verloren. Meine Mami war keine einfache Person gewesen, sie war sehr streng und fordernd. Aber sie war meine Mami. Sie hat mich behütet, gepflegt und erzogen. Sie war meine Familie. Und nun stand ich da, alleine. Das gleiche Gefühl wie 55 Jahre zuvor, als mich meine leibliche Mutter weggegeben hatte.

Verlassen, allein, heimatlos. Nur diesmal, als erwachsene Person, wusste ich mit diesem Verlust und der Leere umzugehen. Ich konnte die Situation mithilfe meines Verstandes emotional einordnen, denn ich wusste, dass der Tod zum Leben gehört. Er ist unumgänglich. Für meine Adoptivmutter war er eine Erlösung. Ich hatte in der Zwischenzeit meine eigene Familie, die mir Kraft und Sicherheit gab. Darin bestand der große Unterschied zu damals, als ich von meiner leiblichen Mutter verlassen wurde. Als Neugeborenes war ich noch nicht in der Lage, diese komplexen Gedankengänge nachzuvollziehen und einzuordnen, war somit völlig hilflos der Situation ausgeliefert. Es bestand nur noch Leere und Angst. Den Verlust konnte ich damals nicht verarbeiten und die Trennung nicht verkraften. Ein Teil von mir wurde mir weggenommen.

6. Oktober 1958: Mein holpriger Start ins Leben

An einem Montag um null Uhr vierzig kam ich als Helga Oertli im Kantonsspital St. Gallen zur Welt. Meine leibliche Mutter durfte mich nur kurz sehen, ich wurde ihr gleich weggenommen, damit auf keinen Fall eine Bindung zwischen uns entstehen konnte. Das war zu jener Zeit so üblich. Aber die Bindung war eigentlich schon da. Wenn man 9 Monate im Bauch der leiblichen Mutter heranwächst und mit ihr durch die Nabelschnur verbunden ist, kann man das nicht einfach löschen. Aber das war die Abmachung mit der Schweizerischen Privaten Mütterberatung und Adoptivkinder-Vermittlung (später Adoptionsvermittlungsstelle): man würde uns gleich nach der Geburt trennen. Offenbar hatten die damaligen Behörden nicht die nötigen Kenntnisse über die starke Verbundenheit zwischen Mutter und Kind bereits im Mutterleib und über die weitreichenden Folgen, die solch eine Trennung für das Leben des Kindes (und auch für eine Mutter) auslösen kann. Doch meine leibliche Mutter wollte mich unbedingt noch einmal in die Arme schließen. Und so kam es, dass sie ihre Entscheidung rückgängig machte. Sie konnte mich nicht gleich loslassen, sie wollte mich nicht sofort zur Adoption freigeben. Zumindest versuchen würde sie es, für mich zu sorgen. Drei Kinder hatte meine Mutter bereits, für die sie die Verantwortung tragen musste. Sie war geschieden, von einer finanziellen Unterstützung durch den Ex-Mann, der jedoch nicht mein Vater war, konnte keine Rede sein. Ihre drei Kinder waren bei Verwandten oder in einem Heim untergebracht. Meine Mutter dachte, dass sie mich vielleicht auch bei Verwandten unterbringen könnte. Doch sie wollte unbedingt versuchen, auch für mich zu sorgen. Diese Tatsache habe ich erst viel später, etwa vor einem Jahr, aus den Unterlagen der Adoptionsvermittlungsstelle erfahren. Das hat mich sehr bewegt und betroffen gemacht, zu wissen, dass sie es nicht übers Herz gebracht hat, mich einfach gleich wegzugeben.

Als die Sozialarbeiterin der Adoptionsvermittlungsstelle meine leibliche Mutter damals in der Frauenklinik besuchte, war sie sehr erstaunt und überrascht über deren plötzlichen Sinneswandel, war es doch alles andere als das, was im Voraus geplant und abgemacht wurde. Als meine leibliche Mutter zwei Wochen zuvor eine Besprechung mit ihr hatte, ist man offenbar zum Schluss gekommen, dass die Freigabe zur Adoption die beste Lösung sein werde. In diesem Gespräch gab sie auch zu verstehen, dass der Vater bereits verheiratet sei. Daher bat sie eindringlich darum, seinen Namen an keiner Stelle zu erwähnen. Sie wollte nicht sein idyllisches Familienglück zerstören. Über den vermeintlichen Vater steht in den Akten: „Er sei ein dunkelhaariger, grosser und eher breitschultriger Typ, der sehr viel darstelle. Er sei Maschinenschlosser von Beruf." Genau wie der ursprüngliche Beruf meines geliebten Ehemannes! Habe ich vielleicht unbewusst in ihm meinen leiblichen Vater gesucht und gefunden? Zudem erzählte meine leibliche Mutter, dass das Waisenamt Wil über die ganze Geschichte informiert sei. Man habe ihr dort zwar angeraten, das Kind zu behalten. Gleichzeitig hat man ihr gesagt, es gäbe allenfalls auch in Wil geeignete Adoptiveltern. Meine leibliche Mutter wollte aber unter keinen Umständen, dass ihr Kind in der nächsten Umgebung platziert wird. Die Sozialarbeiterin der Adoptionsvermittlungsstelle versuchte meine leibliche Mutter nochmals zu überzeugen, dass eine Freigabe zur Adoption für sie und für das Kind die beste Lösung wäre. Im Bericht betreffend des Gesprächs zwischen der Adoptionsvermittlungsstelle und meiner leiblichen Mutter ist nachzulesen: „Ich war sehr erstaunt ab dieser Reaktion, umso mehr die Situation ja aussichtslos ist. Ich versuche dann doch nochmals, die Vorteile in ihrem ganz speziellen Falle wie eine Adoption im Interesse des Kindes hervor zu streichen und sie wird ein wenig unsicher. Doch ist es sehr fraglich, ob sie es durchführen wird. Sie lässt das Kind einen Monat im Kinderheim Tempelacker und wird dann entscheiden." Meine leibliche Mutter unterschrieb nicht.

So kam ich vorübergehend in ein Kinderheim in St. Gallen und wartete dort, wie das Schicksal für mich entschied. Nach ein paar Wochen musste leider meine leibliche Mutter kapitulieren, sich den Umständen beugen und ihr definitives Einverständnis für eine Adoption geben. Sie war gezwungen, ganztags zu arbeiten. Ihre finanziellen Mittel waren sehr beschränkt. So musste sie eine Entscheidung aus Vernunft treffen. Das Herz hatte hier keinen Platz. Andernfalls wäre ich mit größter Wahrscheinlichkeit in einem

Kinderheim aufgewachsen. Aber das wollte sie nicht, sie wollte mir eine Chance geben, ein besseres Leben führen zu können und in der Geborgenheit einer Familie aufzuwachsen. Ich kann aus heutiger Sicht sagen, dass sie die bestmögliche Entscheidung getroffen hat. Denn wenn ich zurückblicke, hatte ich doch das große Glück, einen wunderbaren Papi an meiner Seite zu haben. Ihn hätte ich nie missen wollen! So oder so war aber der Start in mein Leben nicht ganz optimal.

Die Entscheidung war getroffen

„Nach reiflicher Überlegung bin ich doch zum Schluss gekommen, dass für Helga die Adoption das einzig Richtige ist. Da es für mich ein schwerer Entschluss ist, lege ich Ihnen die gute Wahl der künftigen Eltern Helgas besonders ans Herz. Auf jeden Fall will ich Helga allein im Kinderheim abholen und sie nachher mit Ihnen nach Rapperswil bringen“, schrieb meine leibliche Mutter an die Adoptionsvermittlungsstelle.

Zu jenem Zeitpunkt erhielt ich einen Vormund, der von nun an auch über das Schicksal meiner Platzierung zu entscheiden hatte. Er gab die Einwilligung zur Durchgangspflege bei einer Familie in Brunnen, bei welcher ich für zirka zwei Wochen untergebracht war. Ich war damals noch zu klein, um mich an diese Familie zu erinnern. Erst vor einem Jahr, als ich alle meine Akten zum ersten Mal sichten konnte, erfuhr ich von diesem Detail. Die Adoptionsvermittlungsstelle hatte dem Vormund als künftige Adoptiveltern eine Familie Giacometti aus Lugano vorgeschlagen. „Wir glauben, dass das dunkelhaarige rassige Maiteli sehr gut in den Tessin passen würde“, schrieb die Adoptionsvermittlungsstelle dem Vormund. Ich musste wirklich schmunzeln, als ich das vor einem Jahr zum ersten Mal las. Nota bene: Ich war zu jenem Zeitpunkt vier Wochen alt!

Meine künftigen Adoptiveltern hatten sich im März 1958 bei der Adoptionsvermittlungsstelle telefonisch gemeldet und im Juni des gleichen Jahres sind sie zu einem Gespräch nach Rapperswil gereist, das folgendermaßen protokolliert wurde:

> *„Herr und Frau Giacometti interessieren sich sehr dafür, ein Kindlein zu erhalten. Ihr Wunsch geht eindeutig darauf hin, ein Meiteli aufzunehmen, und zwar ein kleines. Frau Giacometti ist eine junge, ausgesprochen hübsche Frau, blond mit blauen Augen, sehr gepflegt. Trotz ihrer grossen Jugendlichkeit, auch im Aussehen, scheint sie recht tüchtig. Sie hilft ihrem Mann, der eine Filiale der Lindt & Sprüngli, Kilchberg, leitet, im Büro. Sie kann das gut neben ihrem Haushalt machen und macht es auch sehr gerne. Sie hat ihren Mann bei Lindt & Sprüngli, wo sie als Sekretärin arbeitet, kennengelernt. Herr Giacometti scheint zuerst ein typischer Tessiner, ist in Rom aufgewachsen, kommt aber aus einer sehr alt eingesessenen Bergellerfamilie. Er selbst möchte nicht ein Kindlein, das aus italienischer Abstammung kommt, oder den südländischen Typus hat. Für sein Alter scheint Herr Giacometti sehr jung. Man spürt dass er seine Frau sehr gerne hat und wünscht auch baldmöglichst ein Kindlein aufzunehmen. Schon wegen seines Alters meint er, sei es wichtig, dass sie nicht solange warten müssen. Bereits sein sie zwei Jahre verheirate und nach ärztlicher Auffassung, besteht nicht eine grosse Möglichkeit, dass sie ein Kind be-*

kommen. Würde trotzdem eines eintreten, könnte sie dieses eine Kind niemals hergeben. Herr Giacometti orientiert sich auch über die Rechtsfragen und ist froh, dass er bald adoptieren könnte.“ *

Im August 1958 folgte dann ein Hausbesuch in Lugano. Durch die Akten erfuhr ich folgendes darüber:

„Die Ehegatten Giacometti wohnen am Fusse des Monte Bré. Die Wohnung ist sehr geräumig, grosse Zimmer. Neubau. Helle, mit grossen Fenstern versehene Räume, die recht deutschweizerisch eingerichtet sind. Frau Giacometti erklärt, dass sie im Tessin nichts gefunden hätte, das ihr zugesagt habe. Die Wohnung ist blitzblank sauber und in sehr guter Ordnung. Doch hat man gar nicht das Gefühl, Frau Giacometti verbringe ihre ganze Zeit auf so prosaische Weise. Sie ist sehr aufgeschlossen und lebhaft, gesprächig. Herr Giacometti kommt von der Arbeit. Das Depot befindet sich gerade gegenüber. Auch er macht gleich einen sehr freundlichen Eindruck, ist lebhaft, nimmt gleich regen Anteil am Gespräch mit seinem gebrochenen Deutsch. Man kann sich die beiden sehr gut als Eltern vorstellen.“

Noch im selben Monat wurde meinen späteren Adoptiveltern ein „entzückendes Kindlein“ aus Aarau vorgeschla-

---

* Diesen und alle folgenden Berichte habe ich originalgetreu abgeschrieben, inklusive der darin enthaltenen Fehler.

gen. Wie mir meine Mami später erzählte, fühlte sie sich überrumpelt. Es ging ihr alles zu schnell und sie war noch nicht so weit eingerichtet, um ein kleines Kind aufzunehmen. Aus diesem Grund lehnte sie das Angebot ab. Wenn man bedenkt, dass heutige Adoptiveltern Jahre warten müssen, bis ihnen ein Kind zugesprochen wird! Bereits zwei Monate später wurde meinen künftigen Adoptiveltern erneut ein Kind vorgeschlagen: Das war ich! Innerhalb kürzester Zeit kam die Einwilligung der Amtsvormundschaft Wil:

> *„Sehr geehrte Fürsorgerin. Ich bin im Besitze Ihrer Zuschrift vom 24.11.1958 und beziehe mich auf den gestrigen telefonischen Anruf. Ich möchte mit diesem, und nach Einsicht der Unterlagen bestätigen, dass ich mit der vorgesehenen Unterbringung des a.e. Kindes Helga Oertli in die Familie Giacometti Lugano-Cassarate, mit der Absicht einer späteren Adoption einverstanden bin. Ich nehme an, es handle sich um eine unentgeltliche Uebernahme der Pflege und Erziehung des Kindes und dass hierüber eine schriftliche Vereinbarung mit den Pflegeeltern über das Pflegeverhältnis getroffen wird, worin auch die gesetzlichen Voraussetzungen für eine Adoption im Sinne des Art. 267 ZGB erwähnt werden. Ich sende Ihnen die mir übersandten Unterlagen mitfolgend zurück und verbinde damit meinen besten Dank für Ihre Bemühungen“,*

schrieb der Amtsvormund im November 1958. Bei der Auswahl der Adoptiveltern war wohl damals das wichtigste Kriterium, dass sie sich in einer guten finanziellen Lage befanden. Die Gemeinde wollte nicht mehr für dieses Kind aufkommen müssen.

So rasch und oberflächlich wurden damals die Abklärungen betreffend einer Eignung zur Adoption getroffen. In meinem Dossier fand ich noch zwei Empfehlungsschreiben von Bekannten und sowie vom Arbeitgeber meiner zukünftigen Adoptiveltern. Innerhalb von nur zwei Monaten waren die Vorabklärungen abgeschlossen. Sicher gab es zu jener Zeit viel mehr Kinder, die zur Adoption freigegeben wurden als heute, aber es scheint ganz so, als wären die Adoptiveltern nur rudimentär auf ihre Eignung geprüft worden. Da stellen sich mir etliche Fragen: War es den zukünftigen Adoptiveltern damals bewusst, dass es nicht dasselbe sein wird, ein „fremdes" Kind anzunehmen, wie sein eigenes Kind großzuziehen? Waren sie psychisch in der Lage, sich um ein eventuell traumatisiertes Kind zu kümmern? Hatten sie die Fähigkeit, für ein Pflegekind die richtige Betreuung, das Verständnis und die Geduld aufzubringen? Hatten sie genügend Feingefühl und Empathie, um auch schwierige Zeiten zu überstehen? Waren sie genügend charakterlich gefestigt? Wussten sie, was es bedeutet, ein Kind aufzunehmen, dessen Anlagen man nicht kennt? Und was tun, wenn es in der Schule völlig versagen würde oder in der Pubertät einen riesigen Absturz erleiden würde? Das sind alles Ereignisse, die bei einem Adoptivkind häufig auftreten können, häufiger als bei leiblichen Kinder. In dieser Hinsicht wurde offensichtlich viel zu wenig abgeklärt. Aber das gehörte zu jener Zeit, die Adoptionsverfahren und die Erkenntnisse über die Psychologie eines Adoptivkindes und damit verbundene Schwierigkeiten haben sich über die Jahre erst entwickelt. Zudem gab es in den 1960er-Jahren noch nicht so detaillierte Ratgeber zum Thema Kindererziehung, keine über Pflegekinder. Zu jener Zeit wurden Kinder noch autoritär und mit eiserner Disziplin erzogen, auch wenn mittlerweile Stimmen pro antiautoritären Erziehungsstil lauter wurden. Es war nicht üblich, sich als Erwachsene in die fragile Seele eines heranwachsenden Lebens hineinzuversetzen. Empathie gehörte nicht zu den expliziten Erziehungszielen.

Heute müssen sich willige Adoptiveltern auf einer langen Liste von wartenden Eltern hintanstellen und sich über Jahre darum bemühen, ein Kind zu bekommen. Immer wieder folgen für die zukünftigen Adoptiveltern zahlreiche Tests und Gespräche, zudem ist durch sie schriftlich genau zu begründen, weshalb sie ein Kind aufnehmen möchten. Entsprechende Kurse sind auch Pflicht.

Mitte November 1958, als ich etwa sechs Wochen alt war, teilte meine leibliche Mutter der Adoptionsvermittlungsstelle telefonisch mit, dass sie froh wäre, wenn das Kind durch die Mitarbeiter abgeholt werde und bat darum, das dem Kinderheim entsprechend zu berichten. Eigentlich hatte meine Mutter zuerst gesagt, dass es ihr wichtig gewesen wäre, mich persönlich abzuholen. Was war wohl der Grund dieses Wandels? Brachte sie es nicht übers Herz, mich nochmals zu sehen und dann wegzugeben? Das wissen nur die Sterne. So holte mich die Fürsorgerin in St. Gallen ab und protokollierte:

„Helga scheint ein dunkelhaariges, nicht unsympathisches Kindlein zu sein. Seine Äugelein zeigt es allerdings auf dem ganzen Weg nicht und schläft immer. Es hat eher ein rundes Gesichtlein, und ein tiefes Grübchen im Kinn. Sie soll ein sehr liebes Kind sein, nur wenn ihr etwas nicht passt, schreie sie los, wie kein zweites."

Aus den Akten erfahre ich ein letztes Mal etwas über meine leibliche Mutter:

„Sie erkundigt sich, wie es der Kleinen geht und ob sie eventuell ein Bildchen erhalten könne, sie habe selber noch fotografieren wollen, sei aber nicht dazu gekommen."

Ich kann nur schwer hoffen, dass ihr dieser Wunsch erfüllt wurde.

Am 1. Dezember 1958, ich war knapp zwei Monate alt, traf ich in Lugano ein und wurde nun vorerst die Pflegetochter meiner Mami und meines Papi. Am 11. Dezember unterschrieben die beiden die Erklärung, in der sie sich verpflichteten, „in gesunden und kranken Tagen" für mich finanziell aufzukommen, mich eine Schul- und Berufsausbildung genießen zu lassen und mich wie ihr eigenes Kind zu behandeln. All dies haben mein Mami und Papi in ihrer wunderbaren Art erfüllt.

Die rechtlichen Bestimmungen, die zu jener Zeit maßgebend waren

Als ich dann im Jahre 1960 definitiv adoptiert wurde, waren noch die alten Bestimmungen des Zivilgesetzbuches (ZGB) vom 1. Januar 1912 in Kraft. Hier ein Auszug aus der „Aktennotiz“ des EJPD vom 13.02.2014:

> „Das alte Recht erkannte unter dem Titel ‚**Kindesannahme**‘ einer solchen Annahme nur beschränkte Wirkungen zu. Die Kindesannahme betraf vor allem den Familiennamen, die Unterhaltspflicht, die elterliche Gewalt und das Erbrecht, das jedoch stark eingeschränkt werden konnte. Hingegen konnte das Schweizerische Bürgerrecht (somit auch das Heimatrecht) durch die Annahme nicht erworben werden und das angestammte Kindesverhältnis zu den leiblichen Eltern dauerte fort: Das Kind gehörte mit der Kindesannahme somit zwei Familien an, was sich auch darin äusserte, dass die leiblichen Eltern ein Besuchsrecht beanspruchen konnten, das ursprünglich auch durch Vertrag nicht wegbedungen und nur durch die zuständige Behörde selbst entzogen werden konnte. Zudem bestand weiterhin eine gegenseitige Unterstützungspflicht zwischen leiblichen Eltern und dem angenommenen Kind. Dieses behielt überdies sein Erbrecht gegenüber seinen leiblichen Eltern; das Kindesverhältnis wurde nicht aufgelöst.

Dies führte unter anderem dazu, dass bei einem allfälligen Tod der oder des Annehmenden die leiblichen Eltern wieder sämtliche Rechte, die mit der Kindesannahme an die Adoptiveltern übertragen wurden, zurückerhielten und das Kind auch wieder seinen ursprünglichen Namen annehmen musste.

Fazit: Die Ausgestaltung der Kindesannahme mit den Wirkungen einer einfachen oder schwachen Adoption entsprach den Anschauungen der Entstehungszeit des ZGB. Damals ging man im Übrigen nicht davon aus, dass von diesem Institut häufig Gebrauch gemacht werden würde. Das alte Recht der Kindesannahme kannte kein Adoptionsgeheimnis; angesichts der beschränkten Wirkungen der Annahme und der Tatsache, dass das adoptierte Kind weiterhin seiner angestammten Familie angehörte, ja dass die leiblichen Eltern sogar ein Besuchsrecht hatten, hätte ein solches Geheimnis auch wenig Sinn gemacht."

Am 1. April 1973 trat das neue Adoptionsrecht in Kraft, welches sich wesentlich vom alten Recht unterscheidet. Das ZGB sieht nun die Volladoption vor:

Der Adoptierte begründet zu den Adoptiveltern ein Kindesverhältnis mit der Verwandtschaftswirkung, als ob er ein leibliches Kind der

Adoptiveltern wäre. Die bisherigen Kindesverhältnisse erlöschen. Das adoptierte Kind erhält den Nachnamen der Adoptiveltern. Zudem dürfen ihm diese einen neuen Vornamen geben, sofern dies mit dem Kindeswohl vereinbar ist. Der Adoptierte erhält das Kantons- und Gemeindebürgerrecht desjenigen Adoptivelternteils, dessen Namen es trägt. Die Adoption ist unauflöslich und die Wirkungen endgültig.

Erste Lebensjahre

Es war an einem verschneiten Tag Anfang Dezember, ich war acht Wochen alt, als meine Mami mich bei der Adoptionsvermittlungsstelle in Rapperswil abholte. Von Lugano kommend, hatte sie eine lange Reise mit dem Zug hinter sich. Es war offenbar eine rasche und fast formlose Übergabe. Wie genau diese vor sich ging, habe ich nie erfahren, darüber stand auch nichts in den Akten. So schnell ging das, ein Kind zu platzieren! Was wohl in mir vorging? Habe ich mich gefragt, wer mich jetzt in einer Tragetasche mit sich trägt? Was passiert mit mir? Wie habe ich dieses ständige lärmige Geräusch auf der Zugfahrt empfunden? Habe ich während der ganzen Zugfahrt geschrien? Irgendwann bin ich sicher vor Erschöpfung eingeschlafen.

Ich wusste nicht, ob ich jetzt wieder an einen neuen Platz kam, der für längere Zeit mein neues Zuhause sein würde. Wie konnte ich das als Baby auch erkennen? So brachte mich meine Mami in ihre Wohnung, und schon bald wurde ich auch von meinem Papi in Empfang genommen. Seine erste Reaktion war nicht gerade die tollste, die man sich wünscht: „Bring das hässliche Kind zurück, ich will das nicht!“, waren seine ersten Worte, als er mich zum ersten Mal sah, hat mir meine Mami immer wieder erzählt. Und sie gab auch zu, dass es in erster Linie ihr Wunsch war, ein Kind aufzunehmen. Mein Papi war eher skeptisch. Sie hatte sich – wie immer – durchgesetzt, und mein Papi hatte aus Liebe zur ihr sein Einverständnis gegeben. Aber ich habe meinem Adoptivvater längst verziehen, weil er mit seiner großen Liebe zu mir alles wieder gutgemacht hat. Meine Mami fügte immer wieder dazu: „Weißt du, nach einer Woche hätte er dich um keinen Preis mehr zurückgegeben!"

Als mich meine Adoptiveltern zum ersten Mal in den Armen hielten, sah ich wirklich hässlich aus. Mein ganzes Gesicht war mit Krusten übersäht. Ich litt an einer starken Neurodermitis. Aus heutiger Sicht betrachtet waren das sicher Zeichen einer Stressreaktion des Körpers, hervorgerufen durch die seelischen Strapazen.

So war ich nun in Lugano angekommen. Das rassige, dunkle *Maiteli* war nun in einer lateinischen Umgebung zuhause und konnte sich endlich entfalten. Es war sicher auch für meine Adoptiveltern eine riesige Umstellung, plötzlich ein Baby bei sich zu haben, für das man rund um die Uhr Verantwortung übernehmen muss. Es fehlte die neunmonatige Schwangerschaft, in der meine Adoptiveltern sich schon voll auf das Kind im Bauch vorbereiten und zu ihm eine natürliche Beziehung aufbauen konnten. Seit ihrer Anmeldung bei der Adoptionsvermittlungsstelle waren zwar auch bei ihnen schon genau 9 Monate vergangen, aber meine Eltern hatten keine Möglichkeit, mich zu fühlen oder eine Bindung zu mir aufzubauen. Ich wuchs nicht in meiner Mami heran, sie hat nicht spüren können, wie ich ihren Bauch immer mehr wölbte und in ihr strampelte. Nie konnten sie sich die Frage stellen: Wird es wohl dem Vater oder der Mutter ähnlich sein?

Diese letzte Frage trifft bei mir nicht zu, hatte ich doch unbekannte Erbanlagen. Ich war jedoch eher der südländische Typ und hatte somit eine gewisse äußerliche Ähnlichkeit mit meinem Papi.

Am 11. Dezember 1958 schrieb meine Mami der privaten Kindervorsorge in Rapperswil:

> *„Liebes Fräulein, Unsere Regula (sie heisst jetzt so) hat sich bei uns schon gut eingelebt und wir haben viel Freude an ihr. Sie wird jeden Tag hübscher und lebhafter und der Ausschlag im Gesichtchen ist vollständig weg. Gestern war ich mit Regula beim Doktor. Er war sehr zufrieden mit ihr. Sie ist nun 9 Wochen alt und wiegt schon 4 700 kg, sie hat aber auch immer einen guten Appetit!"*

Es schien alles gut zu laufen, ich hatte mich in der neuen Familie offensichtlich bereits nach kurzer Zeit eingelebt, denn am 24. Februar 1959 verfasste meine Mami ihren zweiten Brief für Rapperswil:

> *„Endlich kommt wieder einmal eine Nachricht von unserer Regula. Ich lege Ihnen ein Phöteli bei, damit Sie sehen, wie unsere Tochter sich gemacht hat. Sie können sich kaum vorstellen, welche Freude wir an diesem ‚Chrötli' haben. Sie ist ein liebes, fröhliches Meiteli und bis jetzt entwickelt sie sich sehr gut. Regula wiegt schon 6,6 kg und vor 3 Wochen hat sie die erste Krankheit gehabt. Sie war stark erkältet*

und hustete viel und dazu kam noch Durchfall – also alles zusammen. Ich bin wirklich froh, dass diese anstrengenden Tage und fast schlaflosen Nächte vorbei sind. Auch mit dem Hautausschlag geht's besser; es gibt Tage, wo man überhaupt nichts sieht, und plötzlich ist das Gesichtlein wieder ganz voll. Aber der Arzt sagt, dass dies mit der Zeit vollkommen weg geht. Regula ist ein ganz hübsches Meiteli geworden (die Haare sind zwar bald alle weg) und sie wird von ganz Cassarate bewundert. Sie hat immer einen guten Appetit und am Mittag isst Regula schon viel Gemüse. Entschuldigen Sie bitte meine Schrift, denn Regula sitzt bei mir und fuchtelt mit ihren Händchen immer nach dem Papier und gibt mir hie und da einen Stoss. Nach Ostern werde ich mit Regula für ca. 10 Tage nach Bern fahren. Im Fall Sie unser Meiteli eventuell sehen möchten, kann ich Ihnen noch genau berichten, wann ich in Arth-Goldau vorbeifahre. Ich wünsche Ihnen schöne Ostertage und alles Gute, Ihre Hedi Giacometti".

Am 30. April 1959, da war ich seit knapp 5 Monaten in der Familie Giacometti und bald 7 Monate alt, informierte meine Mami wiederum die Adoptionsvermittlungsstelle über den Verlauf:

„Endlich kommen wieder einmal zwei Phöteli von unserer Regula. Nicht wahr, sie ist ein herziges Schätzeli geworden? Letzte Woche bekam sie ihre zwei

ersten Zähnchen (unten), zum Glück ohne Schmerzen. Bald, bald kann sie allein sitzen und im ‚Yompa-la' springt sie rückwärts schon durch die ganze Wohnung. Regula wiegt nun 7,8 kg und für ihr Alter ist sie sehr lang. Jeden Tag macht sie nun grosse Fortschritte; sie lacht und jauchzt den ganzen Tag. An diesem Kindlein haben wir wirklich riesige Freude. Durch ihre sonnige Art hat sie sich schon zum Liebling von ganz Cassarate gemacht! Indem ich Ihnen alles Gute wünsche, grüsse ich Sie herzlich."

Es war für mich sehr rührend, als ich diese Briefe im Alter von 57 Jahren zum ersten Mal las. Tränen rollten über meine Wangen. Ich schien von meinen Adoptiveltern voll akzeptiert worden zu sein und sie hatten große Freude an mir. Aber wie fühlte ich mich bei ihnen? Wie sah es in meiner Seele aus? Was verdeckte mein Lachen und Jauchzen den ganzen Tag? Auf jeden Fall sah es von außen so aus, dass es mir gut ging, und ich möchte auch nicht daran zweifeln.

Kurz nach meinem ersten Geburtstag folgte im November 1959 ein weiterer Brief von meiner Mami an die Adoptionsvermittlungsstelle:

„Schon seit einiger Zeit haben Sie nicht mehr von uns gehört. Wie Sie auf den Phöteli sehen können, wird unsere Regula immer herziger und sie kann jetzt schon laufen. Sie macht jeden Tag Fortschritte

und wir haben grosse Freude an unsere Regula. Vor sechs Wochen hatte Regeli hohes Fieber und Halsweh und seit da schläft sie in der Nacht sehr schlecht. Es kann sein, dass es vom Penicillin ist, welches in der Medizin war und ev. hat auch die Kinderlähmungs-Einspritzung eine nachteilige Wirkung. Sie wurde vom Arzt gründlich untersucht, aber es scheint nur eine vorübergehende Störung zu sein. Bis jetzt konnte ich mich ja wirklich nicht beklagen, denn ausser dieser Schlaflosigkeit war Regula ein ganz liebes, braves Meiteli. Bestimmt wird auch diese Zeit bald vorbeigehen und dann werde ich mein Schlafmanko wieder gründlich aufholen. Regeli hat nun schon sieben Zähnli, drei unten und vier oben, und sie wiegt 10 kg. Für 13 Monate ist sie sehr gross. Auch die Haare werden langsam länger und wie Sie auf dem Photo sehen können, bekommt Regeli herzige ‚Chruseli'. Ich finde wirklich, dass es kein hübscheres Meiteli gibt als meine Tochter! Ihrem Unternehmen wünsche ich weiterhin alles Gute und grüsse Sie alle herzlich, Ihre Hedi Giacometti".

Ich war oft krank und hatte massive Schlafstörungen. Meine Mami hat mir viel von jener Zeit berichtet. Sie sagte mir, ich schlief praktisch nie, den ganzen Tag und die ganze Nacht blieb ich wach. Meine Mami und mein Papi erzählten mir, dass sie im Turnus während der Nacht wach geblieben sind: bis 2 Uhr morgens wachte mein Papi über mich, dann übernahm meine Mami. Es war eine herausfordernde und nervenaufreibende Situation. Sie suchten

Rat beim Hausarzt, doch auch er konnte sich die Ursache offenbar nicht genau erklären. Auch nach einer gründlichen Untersuchung konnte er keine ersichtliche Krankheit feststellen. Die Vermutung lag nahe, dass es eine Reaktion auf das Penicillin war oder eventuell durch die Kinderlähmungsimpfung ausgelöst worden sei. Der Arzt war der Meinung, dass es sich sicher bald wieder normalisieren würde. Doch er sollte nicht recht behalten: Dieser Zustand dauerte etwa 9 Monate an und meine Eltern erzählten mir immer wieder, dass ich während dieser Zeit nie geschlafen hätte. Als sie erneut den Hausarzt aufsuchten, glaubte er ihnen nicht. Er sagte: „Kein Mensch überlebt so lange Zeit ohne zu schlafen." Und so fühlten sich meine Adoptiveltern alleingelassen. Es war wirklich eine schreckliche Zeit für sie.

Durch die ständige Unruhe entwickelte meine Mami in dieser Zeit eine Schlafstörung, und sie erhielt vom Arzt dann die ersten Schlafmittel, die auf dem Markt zu haben waren. Was damals noch nicht bekannt war: Diese Tabletten machten abhängig, und auch meine Mami wurde ihr Opfer und kam ein Leben lang nicht von diesen Medikamenten los. Tragisch. Sie sagte dann immer zu mir, dass ich daran schuld wäre, dass sie mit diesem Zeug angefangen hätte. Ich nehme ihr diese Vorwürfe nicht übel und weiß, sie wollte mich damit nicht verletzen und suchte nur nach einer Entschuldigung für ihre lebenslange Medikamentenabhängigkeit.

Am 8. März 1960 wurde ich von meinem Papi mit gerichtlicher Urkunde und Adoptionsvertrag adoptiert und habe seinen Familiennamen angenommen. Der Heimatort blieb noch der alte, so wie das Gesetz es damals vorsah. Die Behörden stellten mir aber einen neuen Geburtsschein aus, auf dem ich als Regula Giacometti eingetragen war. Ich war nun in meine neue Familie „wiedergeboren", mit neuer Identität und einer neuen Identifizierung durch eine neue Geburtsurkunde – als ob ich in die Familie Giacometti hineingeboren worden wäre.

Am 6. Mai 1960, als ich bereits 1 ½ Jahre alt war, schrieb meine Mami Folgendes an die Adoptionsvermittlungsstelle:

> *„Schon lange Zeit haben Sie nichts mehr von uns gehört, dies will ich nun schnellstens nachholen. Wie Sie wahrscheinlich gehört haben, ist Regula inzwischen ein ‚Giacometteli' geworden und wir sind natürlich glücklich, dass Regeli nun ganz uns gehört. Sie ist immer noch ein liebes, herziges Meiteli und sie macht uns wirklich viel Freude. Leider schläft sie immer noch nicht, wie sie sollte; in der Nacht erwacht sie öfters und schreit, dass die ganze Nachbarschaft Konzert hat. Ich weiss nun nicht, ob dies mit den Zähnen zusammenhängt und ich hoffe sehr, dass Regula bald wieder besser schläft. Auch hat sie zwei schlimme Anginas gehabt; dies ist der schwache Punkt von unserer Tochter, denn, wie der Doktor sagt, hat sie schon jetzt schlimme Mandeln. Auf Rat vom Doktor, werden wir im Juni Regula nach Silvaplana geben, ein privates Kinderheim (sie nehmen nur 3–4 Kinder), während wir dann am Meer*

Ferien machen werden. Im Juli nehme ich sie dann mit mir nach Maloja, wo wir einen Monat Ferien machen. Ich wünsche Ihnen alles Gute und grüsse Sie freundlich, H. Giacometti".

Ich hatte immer noch Schlafstörungen und war des Öfteren krank, was sicher auch bei nicht adoptierten Kindern in diesem Alter der Fall sein kann. Ich erwachte viel in der Nacht und schrie laut. Wollte ich vielleicht meine Adoptiveltern testen, ob sie wirklich immer kommen und für mich da sind, wenn ich mich nicht wohl fühle oder Angst habe? Das Schreien in der Nacht zwang meine Eltern, mich aus dem Bettchen zu nehmen und mich zu beruhigen, da ich sonst die ganze Nachbarschaft aufgeweckt hätte.

Weil ich so oft Angina hatte, wurde ich auf Rat des Hausarztes für vier Wochen in ein privates Kinderheim in Silvaplana gebracht. Offenbar waren meine Adoptiveltern mit mir überfordert. Ich war erst 1 ½ Jahre alt, und schon wieder stand mir eine Trennung bevor. Was ging wohl in mir vor, als sich meine Adoptiveltern von mir verabschiedeten und ich mich erneut an eine neue Umgebung und an neue Bezugspersonen gewöhnen musste? Oder war etwa mein ständiges nächtliches Weinen der Grund, dass ich hierher versetzt wurde? Brauchten meine Adoptiveltern eine Auszeit, um sich von meinen Schlafstörungen beziehungsweise ihrer ständigen Pflege aufgrund meiner Krankheiten zu erholen? Meine Eltern fuhren in dieser Zeit ans Meer. Hätte mir die Meeresluft nicht auch gutgetan? Ich hatte als Kleinkind wieder keine Chance, die erneute Trennung irgendwie einzuordnen oder mich dagegen zu wehren. Würden meine Mami und mein Papi mich auch wieder abholen oder musste ich jetzt für immer hier bleiben? Wie war die Betreuung in diesem Kinderheim? Wusste man von all den Trennungen, die ich schon durchgemacht hatte?

Aus heutiger Sicht muss ich sagen, dass leider auch der Hausarzt keine Ahnung hatte, was eine erneute Trennung für ein so kleines Adoptivkind bedeutet und welche Auswirkungen diese haben kann. Wenn ich das schreibe, macht es mich sehr traurig. Ich hätte meinen Sohn in diesem Alter niemals für so lange Zeit in fremde Betreuung geben können! Und so kam es, wie es kommen musste: Als mich meine Adoptiveltern vier Wochen später wieder abholten, erkannte ich sie nicht wieder. Aus Erzählungen meiner Mami weiß ich, dass ich nicht mit ihnen weggehen wollte und wie am Spieß schrie.

Heutzutage ist es so, dass sogar bei kurzen Spitalaufenthalten die Eltern aufgefordert werden, einen großen Teil des Tages, und falls nötig auch die Nacht, beim Kind zu verbringen, um das Getrenntsein auf ein Minimum zu reduzieren, denn heute weiß man, dass eine lange Trennung zu einem seelischen Langzeittrauma führen kann und noch schwerwiegendere Störungen als meine sowieso schon vorhandenen Krankheiten hervorrufen kann.

„Auch bei leiblichen Kindern, die von der Mutter getrennt werden und bis dahin seelisch und körperlich gesund waren, können diese Kinder, je jünger sie sind, desto stärker, plötzlich körperlich und seelisch erkranken und sogar lebensgefährliche Erkrankun-

gen entwickeln, woran sie schlimmstenfalls auch sterben können. Ihre Lebenskräfte sind durch den Weggang der Mutter geschwunden, die ihnen bisher, beginnend in der Schwangerschaft, als Kraftquelle diente." (Hellbrügge, 2003)

Meine Mami war eine sehr lebhafte und kontaktfreudige Person. Sie war bestrebt, dass ich immer mit vielen Kindern spielen konnte. In der warmen Jahreszeit ging sie täglich mit mir in einen kleinen Park am See (auf dem Coverbild sieht man mich in diesem Park), wo ich im Sandkasten mit gleichaltrigen Kindern spielen konnte. In den Wintermonaten sorgte sie dafür, dass öfter Kinder zu uns zu Besuch kamen. Ich hatte viele liebe Menschen um mich, viele Aktivitätsmöglichkeiten, und ich konnte mich dadurch gut entfalten.

Aber krank war ich nach wie vor sehr oft. Angina hatte ich zwar keine mehr, da mir im Alter von 2 Jahren die Mandeln operiert wurden. Dafür erlitt ich einen heftigen Keuchhusten, wie es im Medizinbuch steht. Die Hustenattacken dauerten über Monate – und wieder kämpfen meine Adoptiveltern mit vielen schlaflosen Nächten. Im Brief meiner Mamis vom Dezember 1960 an die Adoptionsvermittlungsstelle liest man Folgendes:

„Liebes Fräulein, Anbei sende ich Ihnen einen Gepäckempfangsschein, mit welchem Sie auf dem Bahnhof Rapperswil einen Kinderwagen abholen können. Im Fall der Wagen beschädigt sein sollte, ist er versichert und Sie können dementsprechend re-

klamieren. Ich hoffe, einem kleinen Pflegling einen Dienst zu erweisen; bestimmt können Sie immer alle gut gebrauchen. Wir freuen uns sehr, mit unserem Regeli Weihnachten zu feiern und sie wartet mit grosser Ungeduld aufs Christkind, von welchem sie viele Geschenkli erwartet. Regula hat seit anfangs November den Keuchhusten, leider ziemlich stark, und ich habe wieder viele schlaflose Nächte hinter mir. Nun geht's allerdings bedeutend besser und am 2. Januar 1961 werden wir für 4 Wochen nach Mürren gehen, dann wird bestimmt dieser langwierige Husten ganz verschwinden. Es ist wirklich schade, dass Sie Regula nicht sehen können! Ihr Mündchen plappert den ganzen Tag. Sie hat nun zwei herzige Zöpfli und so sieht sie schon wie ein grosses Meiteli aus. Wir haben unglaublich viel Freude mit ihr. Ich wünsche Ihnen und dem ganzen Unternehmen alles Gute für 1961 und allen frohe Weihnachten. Liebe Grüsse H. Giacometti + Familie".

Meine Mami erzählte mir, dass jede zweite Woche der Hausarzt bei uns zu Hause war. So kam es dann auch, dass ich, als ich ca. 2 ½ Jahre alt war, wegen starken undefinierbaren Bauchschmerzen am Blinddarm operiert werden musste. Davon trage ich jetzt noch eine 10 cm lange Narbe. Es stellte sich danach heraus, dass der Blinddarm eigentlich gar nicht entzündet war, sondern es sich um eine Bauchfellentzündung gehandelt hätte. Diese Operation war demnach vergebens.

Ich war nun zweijährig und ständig krank. Im Nachhinein denke ich, hatten diese Krankheiten eher psychosomatische Ursachen, hervorgerufen durch die häufigen Trennungen, wurden aber nicht als solche erkannt. Meine Adoptiveltern schrieben der Adoptionsvermittlungsstelle immer wieder, sie hätten riesige Freude an mir und könnten sich ein Leben ohne mich nicht mehr vorstellen. Aber ich glaube auch, dass es eine sehr schwierige Zeit für sie war. Ich schrie viel, raubte ihnen den Schlaf und forderte durch meine Krankheiten ihre ständige und volle Aufmerksamkeit. Wahrscheinlich wollte ich sichergehen, dass sie sich immer um meine Bedürfnisse kümmerten. Meine Mami gab später aber zu, dass sie mich nicht immer aufgenommen hat, wenn ich im Bettlein schrie. Sie war der Meinung, dass man Babys nicht zu fest verwöhnen soll, sonst beherrschten sie einen. Und so ließ sie mich am Tag – in der Nacht konnte sie es wegen der Nachbarschaft nicht – für längere Zeit schreien.

Da meine Mami im Büro meines Papis mithalf, organisierten meine Eltern eine Haushaltshilfe. Diese kam mehrmals in der Woche, um den Haushalt in Ordnung zu halten und dazu noch mich zu betreuen. Jahre später traf ich diese liebenswürdige Frau wieder und sie erzählte mir spontan: „Weißt du, deine Mutter war extrem streng mit dir. Sie hatte mir verboten, dich aufzunehmen, wenn du geschrien hattest. Aber ich konnte es nicht ertragen, du hattest so laut geschrien, dass mir fast das Herz zerbrochen ist. So habe ich dich dann in die Arme genommen und nach kurzer Zeit musstest du ein ‚Görbschen' machen und danach warst du dann wieder ruhig."

Ich bin ihr so dankbar, dass sie mich so liebevoll betreut hat. Trotz ihres höllischen Respekts vor meiner Mami hat sie den ganzen Mut zusammengenommen und ihr gebeichtet, dass sie mich regelmäßig vom Bettchen aufgehoben und dabei gemerkt habe, dass der Grund meines Schreiens Verdauungsprobleme waren. Sobald sie mich kurz in den Armen hielt, konnte ich auch wieder ruhig im Bettchen einschlafen.

Ja, das war meine Mami. Eine strenge Erzieherin, die es gut meinte, aber eindeutig zu wenig Empathie für ein Kleinkind hatte – und erst recht keine Vorstellung davon, wie viel zusätzliche Aufmerksamkeit ein traumatisiertes Adoptivkind gebraucht hätte, damit es nicht immer wieder an die erste schmerzliche Trennung erinnert würde.

Schon in meiner Kindheit entwickelte ich viele Ängste, die mich leider das Leben lang begleiteten. Meine Mami wollte, dass ich mich früh daran gewöhne, allein zu Hause zu sein. Sie meinte, es würde mich stärken, wenn ich abends immer wieder auf mich allein gestellt wäre. Heute weiß ich: Es hat genau das Gegenteil bewirkt und Verlustängste provoziert.

Das gehörte auch zu ihren Erzählungen: „Weißt du, ich wollte mit deinem Papi einmal pro Woche ins nahe gelegene Bistro gehen, um ein wenig fern zu sehen sowie um andere Menschen zu treffen. Und als wir dich ins Bett legten, verabschiedeten wir uns von dir und erklärten dir, dass wir ganz in der Nähe seien und ich keine Angst haben müsse, sie würden bald wieder nach Hause kommen."

Diese Abende und die damit verbundenen heftigen Angstgefühle habe ich nie wieder vergessen und kann sie heute noch nachfühlen. Ich konnte nie einschlafen und hatte panische Angst vor Einbrechern und anderen bösen Gestalten. Jedes kleinste Geräusch versetzte mich in Angst und Schrecken. Ich versteckte mich unter der Decke und atmete kaum noch, so dass mich niemand hören und finden konnte. Es waren für mich unendliche Stunden, die Zeit schien stillzustehen. Erst als ich meine Eltern kommen hörte, konnte ich mich langsam beruhigen. Als sie dann bei mir ins Zimmer schauten, stellte ich mich immer schlafend. Ich wollte nicht, dass ich getadelt werde, weil ich immer noch wach lag. Und so musste ich immer wieder diese schrecklichen Gefühle des Verlassenwerdens von neuem erleben, die ständige Wiederholung der ersten traumatischen Gefühle in meinem Leben. Meine Eltern waren sich dessen offenbar nicht bewusst.

Ich bin klar der Meinung, dass man einem (adoptierten) Kind nie zu viel Liebe, Aufmerksamkeit, Zuwendung und Empathie schenken kann. All diese Eigenschaften sind viel wichtiger als eine strenge und spartanische Erziehung.

Als ich 4 ½ Jahre alt war, im März 1963, verfasste meine Mami wieder einen Brief an die Adoptionsvermittlungsstelle:

„Liebes Fräulein, Jeder Tag geht vorüber, ohne dass ich meine guten Vorsätze, Ihnen zu schreiben, ausgeführt habe. Aber eben, die Zeit vergeht so schnell und nun ist unsere Regi schon 4 ½ Jahre alt. Je grös-

ser sie wird, je mehr Freude macht sie uns. Regula ist wirklich ein lustiges, liebes, intelligentes Kind und für nichts in der Welt würden wir sie wieder hergeben. Anbei sende ich Ihnen ein Bildchen, wo Regula Schlittschuh läuft. Für diesen Sport hat sie einen eisernen Willen und bis sie jeweils vom Schlittschuhplatz wegkam, brauchte es immer etwas. Auch mit Skifahren geht's schon ganz ordentlich und dieses Jahr in Mürren hat sie sich prächtig erholt und amüsiert. Es ist nur schade, dass Sie nie in das Tessin kommen, ich würde Ihnen Regula so gerne zeigen. Sie hat sofort mit allen Leuten schnell Freundschaft und alle haben sie gerne. In den Kindergarten geht sie immer fleissig und sie spricht jetzt Deutsch und Italienisch sehr gut. Auch diesen Sommer werden wir die meiste Zeit in Maloja verbringen. Ich kann nun auch besser profitieren, denn meine Büroarbeit habe ich ganz aufgegeben. Nun, ich hoffe trotzdem, dass Sie bald unsere Tochter persönlich kennen lernen und wünsche Ihnen indessen alles Gute. Liebe Grüsse sendet Ihnen Ihre H. Giacometti".

All die Briefe, die meine Mami geschrieben hat, sind so berührend und hinterlassen mir jetzt im Erwachsenenalter ein sehr gutes Gefühl. Es ging mir wirklich gut bei den Giacomettis, meine Eltern hatten offenbar viel Freude an mir. Sie haben mir so viel geboten, wie zu jener Zeit sicher nicht jedes Kind erleben durfte. Für all dies bin ich meiner Mami und meinem Papi unendlich dankbar.

Kindheit

Im Tessin war es üblich – und es ist auch heute noch so –, dass man bereits im Alter von drei Jahren in den Kindergarten eintritt. Der Kindergarten war schon damals so gestaltet, dass die Kinder den ganzen Tag dort verbrachten: von 9 Uhr morgens bis 16 Uhr nachmittags. Alle Kinder aßen zusammen zu Mittag und machten dann im selben Raum ein Mittagsschläfchen. Der Kindergarten war eingerichtet für einen ganz normalen Tagesablauf. Es hatte einen großen Essensraum sowie Toiletten mit Waschbecken, wo man sich nach dem Essen die Zähne reinigen konnte. Die älteren Kinder halfen den jüngeren Kindern. Währenddessen räumten die Küchengehilfinnen die Tische beiseite und stellten kleine Bettchen (*brandine*) auf. Jedes Kind besaß einen eigenen Bettüberzug, der mit seinem eigenen Logo bestickt war. Vor dem Eintritt in den Kindergarten erhielt jedes Kind ein Symbol zugeteilt. Bei mir war es die Kastanie. Die Mütter mussten dann schließlich dieses Symbol auf den Kindergartenschurz, auf das Frottiertüchlein, auf das Turnsäckli und auf dem Bettüberzug sticken. So konnte jedes Kind auch sein Bettchen für den Mittagschlaf sowie die anderen Utensilien immer wiedererkennen und finden. Vor dem Schlafengehen erzählte die Kindergärtnerin eine Geschichte, bis alle still waren.

Ich weiß, ich bin sehr gerne in den Kindergarten gegangen und ich mochte meine Kindergartenlehrerin. Sie hieß „Signorina Pia“ (Fräulein Pia), so mussten wir sie nennen. Die Sympathie beruhte auf Gegenseitigkeit, ich gehörte zu ihren Lieblingen. Als ich sie Jahre später zufällig in Lugano wiedergetroffen habe, war sie bereits schon längere Zeit pensioniert. Sie sagte zu mir: „Weißt du, in den über 40 Jahren, in denen ich am Kindergarten unterrichtet habe, habe ich hunderte von Kindern betreut. Aber nur ein paar wenige sind mir wirklich ganz gut in Erinnerung geblieben und eines davon bist DU.“

Ja, ich liebte meine Kindergartenlehrerin. Ich machte alles für sie. Vielleicht wusste sie von meinem schwierigen Start ins Leben und wollte mir deswegen eine besondere Aufmerksamkeit geben. Ich fühlte mich jedenfalls immer sehr wohl bei ihr.

Im Nachhinein betrachtet war es für mich ein Segen, schon mit drei Jahren den Kindergarten besuchen zu können, denn ich war den ganzen Tag weg von meiner eher ungeduldigen, kalten und gefühlslosen Mami.

Nach drei Jahren hieß es dann Abschied nehmen von der Kindergartenzeit, denn die Schule stand auf dem Programm. Im Tessin erfolgte die Einschulung bereits im Alter von sechs Jahren. Ich war traurig, meine Signorina Pia verabschieden zu müssen, aber ich war reif für den Schulunterricht.

Zu all dem Wechsel gab es in diesem Jahr auch noch eine große familiäre Veränderung: Meine Mami wurde schwanger. Am 1. Juli 1964 war es dann so weit, meine Adoptiveltern wurden Eltern eines Sohnes und ich bekam somit einen Bruder – Reto. Meine Großeltern kamen aus Bern angereist, um ihr Enkelkind zu bewundern, und nahmen mich dann mit nach Bern, damit ich ein paar Wochen Ferien bei ihnen verbringen konnte, während sich meine Mami im Spital von der schweren Geburt erholen konnte. Ich hatte gerade drei Monate Schul-Sommerferien und meine Eltern waren froh, dass ich ein wenig Abwechslung genießen konnte.

Ich war gern bei meinen Großeltern. Meine Großmutter war eine ganz liebenswürdige und fröhliche Person. Ich mochte ihre Art sehr. Mein Großvater war sehr autoritär. Da ich an Gehorsam gewohnt und ein sehr folgsames Kind war, kam ich aber nie in Konflikt mit ihm. Sie unternahmen viel mit mir, besuchten mit mir den Bärengraben, den Tierpark, das „Marzilibad" an der Aare in Bern, und wir unternahmen diverse Ausflüge. Das gefiel mir sehr.

Eines Tages, nachdem wir einen schönen Ausflug mit Mittagessen auf den Gurten gemacht hatten, wurde mir plötzlich übel und ich musste mich heftig übergeben und bekam starke Bauchschmerzen. Nachdem sich am Tag danach mein Zustand zunehmend verschlimmerte, ließen meine Großeltern einen Arzt kommen. Ich hatte in der Zwischenzeit einen geschwollenen Bauch und die Bauchdecke fühlte sich hart an. Das beunruhigte den Arzt. Er wollte noch eine Nacht abwarten und ich durfte absolut nichts essen und nur ein wenig Salzwasser zu mir nehmen. Ich erinnere mich, wie ich nachts, als meine Großeltern schliefen, ins Bad schlich und Wasser aus dem Hahn trank. Ich hatte so immensen Durst – ein solch starkes Durstgefühl hatte ich nie mehr in meinem Leben!

Am nächsten Tag hatte sich mein Gesundheitszustand dermaßen verschlechtert, dass mich der Arzt sofort ins Inselspital einweisen ließ. Er hatte bereits den Verdacht auf einen Darmverschluss, was dann von den Spitalärzten auch bestätigt wurde. Es musste sofort operiert werden, dafür brauchte man aber noch die Einwilligung meiner Eltern. Die Ärzte riefen sie in Lugano an und erklärten die notfallmäßige Situation. Es war ein Schock für beide.

Die Operation dauerte ca. 6 Stunden, es war ein sehr schwieriger Eingriff. Da ich nach der Operation nichts essen durfte, wurde ich künstlich durch einen Schlauch im Arm ernährt. Sobald der Darm wieder seine normale Funktion aufnehmen würde, hätte ich wieder zur normalen Kost übergehen dürfen. Dies sollte eigentlich ein paar Tage nach der Operation erfolgen. Aber mein Darm streikte. Es vergingen Wochen, und die Ärzte wollten mich ein zweites Mal operieren, weil die Situation sehr kritisch war. Zum großen Glück hat drei Wochen nach dem Eingriff mein Darm seinen Streik aufgegeben und ich konnte langsam Schonkost zu mir nehmen. Ich war extrem abgemagert und schwach. Meine Eltern waren in der Zwischenzeit mit meinem kleinen Bruder von Lugano angereist und bangten um mein Leben. Der Hausarzt hatte ihnen gesagt, dass ein solch großer Eingriff in Lugano nicht hätte durchgeführt werden können, die Ärzte waren dazumal noch nicht so weit ausgebildet. Ich wäre vermutlich daran gestorben, wäre ich im Tessin bei meinen Eltern gewesen. Ich hatte also riesiges Glück, dass ich gerade in Bern war, wo es eine Universitätsklinik gab und die Ärzte einen solchen Darmverschluss behandeln konnten. Ich erinnere mich noch gut, wie sie mich in einem Rollstuhl in einen mit angehenden Ärzten vollgefüllten Audienzsaal brachten. Sie diskutierten gerade meinen Fall durch und ich wurde ihnen als Parade-Beispiel für eine Operation mit Komplikationen vorgeführt.

Ich hatte also gerade mein zweites Leben geschenkt bekommen. Heute ist mir klar, wenn ich die Sache analysiere, dass dieser Darmverschluss wahrscheinlich durch eine erneute große Verlustangst ausgelöst worden ist. Klar, zu jener Zeit wussten weder ich noch meine Eltern, dass dies im Zusammenhang mit der Geburt meines Bruders und meiner „Abschiebung" zu den Großeltern nach Bern stehen könnte. Auch die behandelnden Ärzte haben diesen Zusammenhang nie im Kontext zu meinen Verlustängsten erwähnt. Der leibliche Sohn meiner Eltern war geboren. Und was war mit mir? Musste ich um meinen Platz bangen? Würde ich nicht mehr so viel Aufmerksamkeit erhalten? Oder würden sie mich vielleicht sogar wieder weggeben? Es ist schier unglaublich, welche Wege die menschliche Seele ausfindig macht, um zu überleben, und welchen Einfluss die Psyche auf den Körper ausüben kann. Heute ist mir zum Glück bewusst, wie sehr das Unterbewusstsein meinen Körper beeinflussen kann, weshalb ich auch viel mental trainiere.

Ende August wurde ich nach einem sechswöchigen Spitalaufenthalt wieder entlassen. Mein Großvater musste mich auf den Armen aus dem Spital tragen. Ich wog nur noch 12 Kilo und hatte keine Kraft mehr, selbstständig zu gehen.

Zwei Wochen später, Mitte September, hätte ich in die Schule eintreten sollen. Da ich noch so schwach war, empfahl der Hausarzt, dass ich vorerst noch eine Weile zu Hause bleiben und danach ein weiteres Jahr Kindergarten anhängen sollte. Ich erholte mich langsam und freute mich auf die vertraute Umgebung des Kindergartens. Es war ein besonderes Jahr. Ich war die Älteste und konnte meiner geliebten Kindergärtnerin zur Seite stehen und ihr dabei helfen, die Kleineren zu betreuen. Ich war sozusagen ihre Assistentin. Das genoss ich sehr, und ich glaube, es tat mir unheimlich gut, denn ich hatte bei ihr einen besonderen Platz eingenommen.

Dieses Jahr verging im Nu. Mit 7 Jahren wurde ich dann eingeschult. Ich besuchte die Schule sehr gern. Meine Lehrerin war bekannt als die strengste im Schulhaus. Doch Probleme hatte ich nie mit ihr. Ich lernte fleißig und war eine der besten Schülerinnen. Das gab mir viel Selbstvertrauen und stärkte auch mein Vertrauen ins Leben. Ich hatte mich auch an die Anwesenheit meines kleinen Bruders gewöhnt und alles verlief rund.

Als ich etwa 7½ Jahre alt war, verfasste meine Mami den wohl letzten Brief für die Adoptionsvermittlungsstelle und berichtete:

> *„Liebes Fräulein, Sie werden sicher erstaunt sein, ein Lebenzeichen aus Lugano zu erhalten. Man sagt zwar: Keine Nachrichten, gute Nachrichten. So ist es auch bei uns und unsere beiden Kinder entwickeln sich prächtig. Regula geht seit 6½ Monaten zur Schule und hat glücklicherweise gar keine Schwie-*

rigkeiten, obschon sie hier mit einem wahnsinnigen Tempo vorwärtsgehen. Sie ist immer noch ein braves, liebes Kind und wir haben unglaublich Freude an ihr. Momentan weilt sie für 2 Wochen in Bern bei ihrem Grosi. Unser Reto ist ein herziger Schatz, jedoch ein ganz grosser Schlingel. Ich kann ehrlich sagen, dass Regula uns nie so grosse Mühe machte wie er. Wenn er nicht schläft, dann stellt er irgendetwas an. Man muss ständig hinter ihm her sein und kann ihn nie aus den Augen verlieren. Ich wünsche Ihnen weiterhin alles Gute und grüsse Sie freundlich. H. Giacometti".

Meine Freizeit verbrachte ich mit vielen Freundinnen aus der Schule und Nachbarschaft, mit denen ich zum Teil jahrelang in Kontakt blieb. Wir spielten viel im Freien; Gummitwist oder Springseil und kurvten auch die Straße runter mit allerlei Vehikeln, da es zu jener Zeit noch fast keine Autos auf der Straße gab. Ich habe einen Tretroller geschenkt bekommen, hätte aber lieber ein Fahrrad gehabt. Aber unter uns Kindern haben wir dann öfter unsere Vehikel ausgetauscht und ich konnte des Öfteren auch Rad fahren.

In der Primarschule verlief alles bestens, obwohl ich viermal einen Lehrerwechsel hatte. Ich wurde aber immer von allen gemocht, war für mich das Wichtigste war. Wiederum schaffte ich es, der Liebling von meinem Turnlehrer und von meinem Musiklehrer zu sein. Ich weiß nicht, wie ich das immer anstellte. Es kam so weit, dass mich mein Musiklehrer unbedingt bei der Schulabschlussfeier ein Solo singen lassen wollte. Es war mir so peinlich, denn ich war der Meinung, dass ich nicht so gut singen konnte. Meine Mami behauptete sogar, dass ich falsch sang. Aber wie gesagt: Es tat mir unheimlich gut, so geschätzt zu werden. Es war Balsam für meine Seele.

Ich hatte erfahren, dass ich mit meinem Fleiß viel Akzeptanz erntete. Das spornte mich weiter an. Ich wollte dann instinktiv immer die Beste und der Liebling von allen sein. Was mich dazu trieb, war mir als Kind absolut unbewusst, aber heute ist mir alles klar, wenn ich Folgendes bei Dr. Bonus lese:

> *„Jeder Fehler, den es macht, und schlimmer, jeder seiner Fehler, den ein anderer bemerkt, weist das Kind nicht auf diesen betreffenden Fehler hin, sondern erinnert es sofort daran, dass es selbst ein Fehler in dieser Welt ist. Das bedeutet, mit den Augen des Kindes gesehen, dass es versucht, keinen Fehler mehr zu machen.“* (Bonus, 2008)

Es verlief alles gut, ich ging meinen Weg und wurde immer unabhängiger. In der Zwischenzeit hatte sich mein Bruder als ein sehr schwieriges Kind entpuppt und bündelte die volle Aufmerksamkeit meiner Eltern, die ich zwischenzeitlich nicht mehr so benötigte. Ich konnte mich in der Schule entfalten und verwirklichen, was mir eigentlich genügte. Zudem wurde ich immer als die brave und folgsame Tochter wahrgenommen, während Reto der böse Sohn war. Eigentlich habe ich es geschafft, auch in der Familie der Liebling zu sein, währenddessen der leibliche Sohn jeweils hintanstehen musste: Was wollte ich noch mehr?

Dann kam die Zeit, als sich die Übertrittsfrage bezüglich der oberen Schulstufe stellte. Mein Lehrer war klar der Meinung, dass ich unbedingt das Gymnasium besuchen sollte, da ich das Potenzial hätte, später einmal ein Studium anzugehen. So begann ich im Alter von 12 Jahren die erste Klasse des Gymnasiums, Abteilung Literarisch, da ich zusätzlich noch Latein belegte. Meine Begeisterung für das Lernen war immer noch vorhanden, aber die Anforderungen wurden immer größer und ich musste mir langsam überlegen, welches Ziel ich erreichen wollte. Was wollte ich später studieren?

Mein größter Wunsch war es damals, Tierärztin zu werden. Dies bedeutete aber, dass noch ein langer Weg vor mir lag und ich noch jahrelang studieren müsste. Langsam kamen Zweifel auf. Wollte ich wirklich so lange über den Büchern brüten? Wollte ich nicht schon früher unabhängig sein und meinen Weg gehen können?

Mein Papi wollte unbedingt, dass ich einmal studieren sollte. Er unterstützte mich auch sehr bei den Schulaufgaben und ermutigte mich immer wieder. Trotzdem, es wurde mir auf einmal zu viel. Aber was wollte ich werden bzw. erlernen? Ich wusste es nicht. Vielleicht sollte ich einen Beruf wählen, bei dem ich meine Sprachbegabung einsetzen konnte? Da kam mir ein Infoabend der Swissair gerade gelegen, bei dem der Beruf der Flugbegleiterin vorgestellt werden sollte. Voller Begeisterung besuchte ich den Vortrag, musste aber leider ernüchtert feststellen, dass die Hauptaufgabe der Stewardess darin bestand, den Passagieren auf dem Flug Essen und Getränke zu servieren und ihre Wünsche von den Lippen abzulesen. Nein, das war nicht das, was ich machen wollte. So stand ich da und ich wusste nicht weiter.

Da es nun klar war, dass ich nicht studieren wollte, begann ich mit 15 Jahren auf Empfehlung meiner Mami eine Handelsschule. Obwohl ich immer betont hatte, dass ich nie in einem Büro arbeiten möchte, ließ ich mich von ihr überreden. Es handelte sich um eine private Handelsschule mit sehr gutem Ruf und der damaligen Gewissheit, dass für alle diejenigen, die die Prüfungen bestanden, eine Stelle in einer Bank zugesichert sei.

Die Abschlussprüfungen habe ich schließlich mit dem Prädikat „sehr gut" bestanden, sah mich jedoch nicht als Bankangestellte. Wie für viele Jugendliche, war auch für mich die Zeit der Berufswahl eine schwierige Zeit. Man weiß nicht, in welche Richtung man gehen soll, ob man dann auch die richtige Entscheidung trifft. Schließlich kennt man in diesem Alter die Zukunft noch nicht und weiß somit nicht, wofür man sich entscheiden soll. Zudem gab es in den Siebzigerjahren noch keine staatliche Berufsberatung, man war vollends auf sich selbst gestellt. Ich war nun 17 Jahre alt und stand an einem Wendepunkt in meinem Leben.

Die Pubertät: Eine große Identitätskrise

Der Weg von der Kindheit in die Welt der Erwachsenen war für mich eine ziemlich schlimme Zeit. Die Pubertät manifestierte sich bei mir aufs Heftigste.

Niemand konnte mir eine Erklärung geben, was mit mir gerade passierte.

Ich war nun 17 Jahre alt und wusste immer noch nicht, in welche Richtung es beruflich gehen sollte. Daher drängte mich meine Mami, ich solle doch ein Welschlandjahr einschalten, das sei ihr damals auch gut bekommen. Durch den Aufenthalt in der französischsprachigen Schweiz könnte ich doch meine Sprachkenntnisse aufpolieren und wüsste vielleicht dann, welcher berufliche Weg der Richtige für mich wäre. So entschied ich mich, für ein Jahr nach Genf zu gehen. Ich konnte bei der Familie meiner Patin wohnen und im Haushalt mithelfen. Ganz begeistert war ich von dieser Idee nicht, musste ich mich doch von all meinen Freunden und Freundinnen für ein Jahr verabschieden. Wir hatten immer einen guten Zusammenhang, waren eine tolle Clique. Bei der Familie meiner Patin fühlte ich mich nicht richtig wohl. Sie war mit einem Amerikaner verheiratet, mit dem sie 5 Kinder hatte. Die Familie wohnte in einer riesigen Villa am Stadtrand von Genf und es wurde Französisch und Englisch gesprochen. Ich lernte, den Haushalt zu machen und auch meine Sprachkenntnisse konnte ich aufbessern. Aber meine Seele litt. Ich vermisste meinen lieben Papi und meine Freundschaften. Und so kam es, wie es kommen musste: Ich wurde immer unglücklicher, getraute dies aber nicht, meiner Mami mittzuteilen. Mein Papi kam mich einmal heimlich besuchen, als die Gastfamilie sich in Gstaad aufhielt und ich ganz allein in der Villa logierte. Ich genoss seine Anwesenheit. Er merkte, dass ich mich dort nicht wohl fühlte, meinte aber, dass ein Jahr ja schnell vorüber sei und ich dann wieder nach Lugano zurückkehren könne.

Noch bevor es so weit war, fiel ich in ein tiefes Loch. Ich wusste weder ein noch aus. So lief ich in einer Nacht davon. Ich wollte nur noch weg, denn ich fühlte mich dort viel zu einsam. Mein Ziel war es, zu meinem Papi nach Kilchberg zu fahren. Es war nämlich so, dass Lindt & Sprüngli kurz zuvor die Filiale in Lugano geschlossen hatte, ihm aber dafür eine Stelle in der deutschen Schweiz angeboten wurde. Mein Papi stand kurz vor der Pensionierung und er war genötigt, dieses Angebot anzunehmen. Auch er war nicht glücklich, die Wochen hindurch in Kilchberg zu wohnen und nur am Wochenende bei seiner Familie in Lugano sein zu können.

So war ich also mitten in der Nacht abgehauen. Am Bahnhof Genf angekommen, musste ich mich vorerst gedulden, bis der erste Zug am Morgen in Richtung Zürich fuhr. In Kilchberg angekommen, bin ich in die Arme meines Papis gerannt. Er war sehr erleichtert, als er mich sah. Es war mir nicht bewusst, welchen Schrecken ich meinen

Eltern eingejagt hatte. Sie hatten sofort Alarm geschlagen, als mein Fehlen bemerkt wurde. Ob sie auch die Polizei involviert haben, weiß ich nicht mehr so genau. Aber ich war glücklich, bei meinem allerliebsten Papi zu sein. Heute bin ich mir sicher, dass ich einfach noch zu jung war, um für ein Jahr von zu Hause wegzugehen. Und vielleicht haben auch die Trennungstraumata aus der Kindheit eine Rolle gespielt.

Ich blieb für ein paar Tage bei meinem Papi. Die Zeit, die ich mit ihm verbringen konnte, gehört für mich rückblickend zu einer der schönsten in meinem Leben. Mein Papi belegte während der Arbeitswoche nur ein kleines Zimmer. Ich schlief auf einer Notmatratze auf dem Boden neben seinem Bett. Ich erinnere mich gut, wie er mir immer die Hand hielt, bis ich einschlief. In diesen Tagen hatte ich meinen Papi ganz für mich alleine. Seine Liebenswürdigkeit erwärmte meine Seele.

Meine Mami wollte jedoch, dass ich so schnell wie möglich nach Lugano zurückkehre. Ich wäre am liebsten noch Wochen und Monate bei meinem Papi geblieben. Aber sie setzte sich wie immer durch und so musste ich wohl oder übel nach Lugano zurück und mir wieder Gedanken machen, wie es mit mir weitergehen sollte. Meine Mami war mit der Situation überfordert. Die stets liebe und folgsame Tochter ist einfach weggelaufen, das passte nicht in ihr Schema. Sie empfahl mir, einen Psychologen aufzusuchen. Es gab dazumal einen Schulpsychologen, der im Tessin sehr renommiert war. Er hielt Vorträge in den Schulen und an verschiedenen Orten im ganzen Kanton und wurde von allen Eltern bewundert und verehrt.

Zuerst lehnte ich ab. Doch ich fühlte mich nicht wohl, denn ich befand mich mitten in einer tiefen Identitätskrise. Ich fühlte mich desorientiert, mir fehlte eine Perspektive. Solche Empfindungen sind eigentlich völlig normal in der Pubertät. Vielleicht konnte mir dieser Psychologe doch Hilfe bieten? Er war schließlich auf Jugendliche spezialisiert. So vereinbarte meine Mami einen Termin mit ihm. Ich war nervös, weil ich noch nie bei einem Psychologen war, hoffte aber, dass er vielleicht doch meine Nöte erkennen und mir helfen könnte. Er erklärte mir, dass für junge Menschen die Pubertät eine sehr schwierige Zeit sei und dass in dieser Zeit vieles aus dem Gleichgewicht gerate. Ich erinnere mich jedoch nur, dass er das ganze Problem der Pubertät auf ein sexuelles Problem reduzierte. Er sprach die ganze Zeit nur über Sex und ich fühlte mich irgendwie nicht ganz wohl bei ihm. Wenn er mich nur schon anschaute, sei er erregt, sagte er plötzlich zu mir. Ich sollte beschreiben, wie groß sein erigierter Penis sei. Mir war es überpeinlich! Er erklärte auch, dass ich ihn bei seinen Vorträgen begleiten und wir dann anschließend miteinander schöne Momente erleben könnten. Ich ging mit einem seltsamen Gefühl nach Hause, erwähnte aber meinen Eltern gegenüber keine Details des Gespräches.

Beim zweiten Termin hat dieser Psychologe dann gesagt, er möchte mich spüren lassen, wie sehr ich ihn errege. Er geilte sich mit seinen Erzählungen selber auf. Mich ekelte es nur noch. Dann stand er auf. Hinter der Tür drückte er mich mit seiner geballten Männlichkeit ganz fest an sich, küsste mich so heftig, dass ich fast keine Luft mehr kriegte und schier ohnmächtig wurde. Ich wurde kreideweiß. Er erschrak und entschuldigte sich, brachte mir ein Glas Wasser und ließ mich zur Erholung auf der Couch liegen. Er bat mich, niemandem von diesem Vorfall zu erzählen. Niemand würde das verstehen, er wolle mir nur helfen. Obendrein machte er mit mir einen dritten Termin ab, aber innerlich hatte ich mir schon geschworen, nie mehr zu diesem Schwein in die Sprechstunde zu gehen.

Natürlich erzählte ich meiner Mami nichts über diesen Vorfall. Sie fragte dennoch, weshalb ich denn die Sitzungen abbrechen wolle. Wahrscheinlich schöpfte sie einen gewissen Verdacht. Ich antwortete, dass ich diese Therapie nicht mehr brauche, ich komme alleine zurecht. Darauf erzählte sie mir, dass in der Stadt Gerüchte herumgehen, dass dieser Psychologe schon mit mehreren jugendlichen Frauen sexuellen Kontakt gehabt hätte. Sie fragte mich, ob etwas in diese Richtung vorgefallen sei. Ich verneinte, weil ich wusste, dass meine Mami das ganz sicher geklärt haben wollte. Sie hätte ihn mit Sicherheit angerufen, hätte ihm die Leviten gelesen und ihn sogleich auch noch bei der Polizei angezeigt. In solchen Angelegenheiten war sie extrem konsequent. Aber ich wollte das ganze Theater nicht. Ich verstand einfach nicht, weshalb er mir das angetan hat, scheute aber zugleich den Konflikt. Wenn ich das jetzt so schreibe, sehe ich alles noch genau vor mir und weiß noch detailgetreu, was in dieser Praxis abgelaufen ist. Es ist unglaublich, wie präsent das noch immer ist, nach all den Jahren! Wenn ich die Augen schließe und mich in die Situation von damals hineinversetze, habe ich sogar seinen Geruch in der Nase. Solche Momente sind mit derart starken Emotionen verbunden, dass man sie nie vergisst! Erst jetzt realisiere ich, dass es sich damals um einen sexuellen Übergriff gehandelt hatte. Er, als Schul- und Jugendpsychologe, Professor nannten sie ihn, vom Staat bezahlt, hatte die Grenze eindeutig überschritten. Dieser Mann hat die Notsituation und die Abhängigkeit schamlos ausgenutzt. Mir war klar, dass ich nie mehr zu seinen Sprechstunden gehen wollte. Das sagte ich meiner Mami mit Bestimmtheit.

Es ist eine Schande, was damals vorgefallen ist. Als studierter Akademiker und Psychologe musste er wissen, dass gerade bei Adoptierten die Pubertät sehr heftig ausfallen kann. Er hätte mir das erklären müssen. Er hätte mir erklären können, dass ich mich in niemandem spiegeln kann und dadurch die Identitätsfindung besonders kompliziert sei. Ich musste erst erwachsen werden, um das alles selbst herauszufinden.

Gerade in letzter Zeit sind verschiedene Berichte und Bücher publiziert worden, in denen Erwachsene über sexuellen Missbrauch berichten, den sie im jugendlichen Alter erlebt und immer für sich behalten und verschwiegen haben. Jürg Jegge, ein renommierter Schweizer Pädagoge (öffentlich bekannt wurde sein Fall durch das Buch „Jürg Jegges dunkle Seite – Die Übergriffe des Musterpädagogen", von Markus Zangger), der mehrere Kinder missbraucht hatte, versuchte sich kürzlich zu entschuldigen, mit der unglaublichen Rechtfertigung, dass dies der Zeitgeist von damals gewesen sei. Als wenn das, was dieser Mann und viele andere Vertrauenspersonen Heranwachsenden angetan haben, durch irgendetwas entschuldbar wäre!

Also stand ich weiterhin allein da mit meinen Ängsten und Sorgen, und konnte meine Gemütsverfassung nicht richtig fassen und nachvollziehen. Es kam mir vor, als wenn man krank ist und der Arzt keine Diagnose stellen kann. Es tut überall weh, man fühlt sich nicht wohl, aber man weiß nicht, was man hat.

Heute bin ich stolz, dass ich mich aus dieser Situation selber lösen konnte und dieser Mann mir keinen weiteren Schaden zufügen würde. Immer wieder, auch Jahre später, kamen mir diese Sitzungen in den Sinn. Und wenn ich in der Nähe dieses Gebäude war, hatte ich immer den Drang, es spontan zu betreten und diesem Psychologen meine Meinung zu sagen. Aber ich machte es nie. Ich befreie mich davon, indem ich es jetzt in diesem Buch niederschreibe, und es soll dann für immer versiegelt sein.

Wie ich Teil der Giacometti-Dynastie wurde

Ja, ich bin zwischen Kunstobjekten aufgewachsen. Habe zwischen Giacomettis Bildern und Gegenständen von Giovanni, Alberto und Diego Giacometti gelebt und genoss diesen Status. Ein Teil der Bilder war in Rom entstanden in den neun Monaten, während Alberto Giacometti bei der Familie meiner Großeltern gelebt hatte.

Die Herkunft meiner Adoptiveltern könnte nicht verschiedener sein. So wie auch ihr Charakter nicht unterschiedlicher sein konnte. Luciano Giacometti hieß mein geliebter Papi. Luciano: dieser Name stammt vom lateinischen lux = Licht und bedeutet „der Strahlende". Genau das war mein Papi für mich: das helle Licht in meinem Leben, der meinen Weg erleuchtete und für mich alles strahlen ließ. Mein Papi wuchs in einer gut situierten Familie auf. Seine Eltern wanderten im Jahr 1896 vom bündnerischen Stampa aus, um wie viele Bergeller ihr Glück als Zuckerbäcker in Rom zu versuchen. Dort betrieben sie eine gut florierende Konditorei, die „Pasticceria Bezzola" an der Via Nazionale 214, einer prominenten Lage nahe der Stazione Termini. Mit den Einnahmen aus der Konditorei konnten sie gut leben und so bewohnten sie eine schöne städtische Villa im vornehmen Quartier der Heiligen Stadt,

Monteverde, am Gianicolo. Sie waren sieben Geschwister: Bianca, Ada, Maria, Giacomo, Tullio, mein Papi Luciano (geb. 1912) und Rodolfo. Sie hatten Bedienstete und die Kinder konnten in privaten Schulen ihre Ausbildung machen. Die Familie blieb aber der Schweiz immer treu und kehrte jedes Jahr zurück in ihre alte Heimat. Die „Giacometti romani" (wie sie von den Bewohnern des Tals genannt wurden) verbrachten ihre Sommerferien in Maloja, und nahmen dies immer zur Gelegenheit, alle Verwandte wieder einmal zu treffen. Es war eine lange Reise von Rom nach Maloja. Mein Papi erzählte mir oft davon, wie sie zuerst mit der Dampfbahn von Rom bis nach Como fuhren. Von dort aus ging es dann weiter mit der Pferdekutsche den kurvigen Malojapass hinauf bis Maloja/Capolago, wo sie ein Ferienhaus besaßen. Als ich kürzlich eine Verwandte der Familie traf, sagte sie zu mir, dass es für sie im Tal immer spannend war, wenn die Verwandten aus Rom eintrafen. Sie trugen elegante Kleider und rochen wunderbar. So erzählte sie mir, dass sie sich jedes Mal, nachdem sie meine Tante Bianca umarmt hatte, für drei Tage nicht mehr gewaschen hätte, um das herrliche Parfüm auf der Haut weiter zu riechen. Im Bergell gab es damals noch keine solchen Düfte.

Die Giacomettis von Rom führten ein sehr gutes Leben, bis der Zweite Weltkrieg ausbrach. Da wurden die italienischen Angestellten für den Kampf aufgeboten und die ältesten Söhne der Familie mussten ihre Arbeit in der Konditorei übernehmen. Mein Papi war damals kurz vor dem Ende seines Geschichtsstudiums gezwungen worden, dieses zu unterbrechen. Man erzählte mir, dass meine Großeltern mehrmals jüdische Familien versteckt hätten. Es muss eine grauenvolle Zeit gewesen sein. Kurz vor dem Ende des Zweiten Weltkrieges entschied sich mein Papi in die Schweiz zu kommen, er wollte unbedingt seinem Vaterland dienen und den Militärdienst nachholen (obwohl er bereits 32 Jahre alt war!). Seine sehr patriotisch eingestellten Eltern hatten ihm die Liebe zur Heimat, zur Schweiz, vermittelt. So absolvierte er seine Grundausbildung in der militärischen Rekrutenschule, dem gleich darauf ein Wiederholungskurs folgte.

In der Zwischenzeit hatte der Ehemann seiner Schwester Bianca die Konditorei übernommen und somit sah mein Papi für sich keine Zukunft mehr in Italien. Er kehrte nicht mehr nach Rom zurück und suchte eine Arbeitsstelle in der Schweiz. Schließlich fand er diese bei Lindt & Sprüngli in Kilchberg. In diesem Chocolat-Unternehmen lernte er meine Mami kennen, die dort als Sekretärin arbeitete.

So prallten die zwei Welten aufeinander: die Tochter eines einfachen „Büezers“ verliebte sich in einen gut situierten, stattlichen Mann. Sie soll sehr hübsch gewesen sein, hatte wunderschöne blaue Augen und besaß ein lebhaftes Temperament. Er, ebenfalls sehr gut aussehend, war kultiviert und ein südländischer Typ. Die Gegensätzlichkeit zog die beiden an und sie waren voneinander fasziniert. Zudem trennte meine Eltern ein Altersabstand von 20 Jahren. Leider wurden im Laufe der Zeit die großen Unterschiede zwischen den beiden zum Problem in der Beziehung. Vorerst genossen sie eine unbeschwerte Zeit in

Kilchberg, pflegten viele gute Freundschaften und mein Papi lernte nebenbei die deutsche Sprache. Im Jahre 1953 entschloss sich meine Mami im Alter von 21 Jahren, für ein Jahr nach Rom zu gehen. Sie wollte auch unbedingt die italienische Sprache erlernen. Dort trat sie eine Stelle als Kindermädchen bei einer italienischen Familie an und wurde in der Freizeit von den Schwestern meines Papis, Ada und Bianca, bestens betreut. Zurück in der Schweiz nahm sie eine Stelle bei einem Transportunternehmen in Zürich an.

Im Jahr 1956, als meine Mami 24 Jahre alt war und mein Papi 44, bot man ihnen eine Arbeitsstelle in Lugano an. Mein Papi, mit Muttersprache Italienisch, sollte die Filiale der Lindt & Sprüngli in Lugano übernehmen und meine Mami würde ihm im Sekretariat zur Seite stehen.

Und so kam es, dass meine Eltern im Jahre 1956 nach Lugano zogen und schon bald die Heiratsglocken läuteten. Um das Glück der Familie perfekt zu machen, fehlten ihnen nur noch eigene Kinder. Doch das Schicksal wollte es anders. Ihr Wunsch nach eigenen Kindern wurde ihnen vorerst nicht erfüllt.

So beschlossen sie, ein Pflegekind, das später ihr Adoptivkind werden sollte, aufzunehmen. Das war ich. Meine Mami erzählte mir später, dass mein Papi eigentlich nicht sehr begeistert war, ein fremdes Kind aufzunehmen. Ich glaube, es hatte auch mit der südländischen Kultur der Familie zu tun, in der er aufgewachsen ist. Aber meine Mami hatte damals dermaßen insistiert, dass mein Papi schlussendlich nachgab. Eigentlich nicht die idealen Voraussetzungen für eine Adoption, oder?

Wie bereits in einem anderen Kapitel erwähnt, liebte mich mein Papi über alles, und ich ihn auch, trotz des ersten Schreckens wegen meinem mit Krusten übersäten Gesicht. Man kann schon sagen, ich vergötterte ihn fast ein wenig. Er hat mit mir sehr viel Zeit verbracht, spielte stundenlang mit mir. Jeden Sonntag spazierte er mit mir durch den Parco Ciani, den wunderschönen Park direkt am Luganer See. Es war immer dasselbe Ritual: Zuerst tobte ich mich auf dem Spielplatz aus, dann gab es für die Enten und Schwäne altes Brot und zuletzt besuchten wir das Gehege der Hirsche. Da war für mich das Größte. Bevor wir wieder nach Hause zurückkehrten, besorgten wir noch Patisserie für das Sonntagsdessert. Ich hätte mir nie einen besseren Vater vorstellen können. Es ist nicht die Blutsbande, die ein besonders Verhältnis zu einem Menschen bestimmt, sondern seine Bereitschaft zu lieben.

Meine Mami war immer ein bisschen eifersüchtig auf unsere Beziehung. Sie hingegen konnte mir jedoch nicht die nötige Geborgenheit vermitteln, wie sie mir mein Papi bedingungslos gab. In einem meiner ersten Aufsätze in der ersten Klasse habe ich geschrieben, dass ich immer, wenn ich nach Hause kam, die Pantoffeln für meinen Papi bereitstellte.

Mein Papi hat mit seinem enormen Allgemeinwissen mein Leben bereichert. Er war verständnisvoll und tolerant. Als ich größer war, philosophierten wir stundenlang zusammen. Wenn „das Schäfchen weit weg vom Stall war", so pflegte er zu sagen, schrieben wir uns zahlreiche Briefe. Er lehrte mich, stilvoll zu schreiben, und das schätzte ich sehr. Obwohl bereits über 40 Jahre vergangen sind, bewahre ich noch immer seine Briefe wie einen kostbaren Schatz auf. Er hinterließ mir im Januar 1970 auch einmal ein schönes Gedicht mit einer noch schöneren Zeichnung in mein Poesiebüchlein:

Ti ho cullato quand'eri piccolina,
ti ho accompagnato a scuola una mattina,
ma per me certo, la più bella cosa
sarà quando, un bel giorno, tu andrai sposa!
Ma se per caso non ci fossi, ricordati lo stesso
del tuo papà. *

Leider wurde seine Vorahnung Realität, und sieben Jahre später verstarb mein liebster Papi mit nur 64 Jahren.

Ich glich meinem Papi, äußerlich wie innerlich. Wir hatten beide dunkle Haare und braune Augen. Er pflegte zwar immer zu sagen, dass er in meinen Augen auch noch grün sehe, und ich denke, er hatte recht. Wir waren beide im Sternzeichen der Waage geboren, hatten ähnliche Charaktere, waren ausgeglichen, liebevoll und diplomatisch.

So unterschiedlich waren dagegen meine Eltern und ebenso auch deren Familien.

Papi erzählte mir viel von seiner Familie, seiner Jugend und über das Leben in Rom. Die ganze Familie Giacometti hat mich liebevoll aufgenommen, sie gaben mir nie das

---

* Übersetzung: Ich habe dich geschaukelt, als du klein warst/habe dich eines Morgens zur Schule gebracht/aber das Schönste wird sicher für mich sein/wenn du eines Tages heiraten wirst!/Aber wenn ich zufällig nicht mehr da sein sollte, erinnere dich trotzdem deines Vaters.

Gefühl, dass ich nicht dazu gehöre. Fast jedes Jahr besuchte mein Papi seine beiden Schwestern, die in Rom verblieben waren und dort auch geheiratet hatten. Meistens nahm er mich auch mit. Ich war immer fasziniert von dieser eindrücklichen und pulsierenden Stadt. Meine Tante Bianca wollte dann aus mir jeweils eine richtige Dame machen und ließ oft während meines Aufenthaltes schöne Kleider für mich bei ihrer Schneiderin anfertigen. Meine Tante war eine faszinierende, elegante und lebhafte Dame. Mit ihrem Ehemann bewohnte sie ein Penthouse eines ehrenwürdigen Gebäudes in der Via Nazionale, wo sie auf der Terrasse Orangen- und Zitronenbäume züchtete, was zu jener Zeit bei uns noch völlig unvorstellbar war. Was mich ebenfalls überaus beindruckte, war der Fahrstuhlaufzug. Der Portier musste zuerst ein Scherengitter öffnen, bevor er dann eine hölzerne Doppeltür aufschob. Im Inneren des Aufzuges befanden sich Sitzbänke aus Holz, welche mit rotem Samt überzogen waren, sowie ein verzierter Spiegel. Das hatte mich immer wieder von neuem fasziniert. Ich verbrachte viel Zeit bei meiner Zia Bianca. Sie duftete auch immer so fein, und wenn ich jeweils ins Bad ging, stibitzte ich immer ein wenig ihres Borotalco. Auch heute gebrauche ich es noch ab und zu und der feine Duft ruft immer noch Erinnerungen an Zia Bianca wach! In der Wohnung befanden sich auch wertvolle antike Möbel sowie ein Schaukelstuhl, den ich regelmäßig benutzte.

An den Wänden hingen viele Zeichnungen, die Biancas wunderschönes Gesicht porträtierten, dies im zarten Alter von 17 Jahren. Diese Zeichnungen hatte ihr Cousin Alberto Giacometti angefertigt, als er für fast ein Jahr in der

Familie meines Papis in den Jahren 1920/1921 wohnte. Er reiste in dieser Zeit durch Italien, um Inspirationen für seine Kunst zu finden. Eine dieser Inspirationen war meine Tante Bianca gewesen. Alberto Giacometti hatte sich in seine Cousine verliebt, man schreibt, dass sie seine erste Liebe war. Das ist in vielen Büchern ebenfalls dokumentiert. Aber Bianca wollte nichts von ihm wissen, denn von einem solch unkultivierten Bergler nahm sie keine Avancen entgegen. Ihre Mutter musste sie zwingen, für Alberto Modell zu stehen, und sie machte es nur widerwillig.

Während seines Aufenthalts in Rom hatte Alberto zahlreiche Bilder von der ganzen Familie Giacometti gemalt. Ein Teil dieser Bilder hing dann später bei uns im Wohnzimmer in Lugano. Ich wuchs also inmitten dieser Kunstwerke auf. Dazu noch eine Anekdote: Da ich als Kleinkind oft krank war, musste unser Hausarzt fast jede zweite Woche bei uns vorbeischauen. Er hatte die Angewohnheit, einfach die Wohnungstür zu öffnen und einzutreten, ohne zu klingeln und zu klopfen, sagte *Buongiorno* und ging schnurstracks ins Wohnzimmer. Ich konnte noch so hohes Fieber haben, er begutachtete immer zuerst unsere Bilder im Wohnzimmer, dann erst kam ich an die Reihe. Das war jedes Mal so und ein anderes Mal hat er sogar einen Baron mit seinem Bodyguard mitgenommen. Das war der Höhepunkt! In unserer schlichten Wohnung stand plötzlich Baron Hans-Heinrich Thyssen-Bornemisza (damals Besitzer der Villa Favorita in Lugano), ein großer Verehrer der Werke von Alberto Giacometti, der selbst auch dessen Kunstobjekte besaß. Der Baron von Thyssen schaute sich die Bilder eingehend an, begutachtete das Raumklima und den Lichteinfall im Wohnzimmer und ob die Wohnung diebstahlsicher sei. Mittlerweile weiß ich, wie wichtig diese Faktoren für den guten Erhalt solcher Ölbilder sind. Wenn man bedenkt, dass die Kunstwerke damals nicht mal versichert waren – heutzutage kaum vorstellbar. Doch meine Eltern konnten sich eine Versicherung schlichtweg nicht leisten. Bevor meine Eltern die Bilder zu sich nach Lugano transferierten, befand sich ein Teil dieser Werke zusammengerollt und achtlos hinter einer Tür im Ferienhaus von Maloja. Ein absoluter Horror für jeden Kunstkenner! Doch in der damaligen Zeit wiesen diese Kunstwerke auch noch nicht den Wert auf, den sie heute haben.

Aber es waren nicht nur diese wertvollen Werke, welche die Familie zusammenhielten. Die Verbindung zwischen den Cousins Giacometti, Alberto und Diego, war sehr stark. Als jedes Jahr in den Sommermonaten die Familie Giacometti aus Rom nach Maloja reiste, trafen die Cousins immer auch aufeinander. In jungen Jahren verbrachten sie viel Zeit zusammen und unternahmen viele Exkursionen und Bergtouren. Dies ist in vielen Büchern über die Giacometti-Dynastie ebenfalls so festgeschrieben. Das Verhältnis war wirklich innig. Besonders mein Papi hatte eine tiefe Verbindung zu Alberto Giacometti. Beide philosophierten stundenlang über Leben und Tod, sie sprachen die „gleiche Sprache“. Als in der Schweiz im Jahre 1998 die neue 100-Franken-Note gedruckt und in Umlauf gebracht wurde, auf denen der Künstler Alberto Giacometti abgebildet war, war ich doch sehr verdutzt über die große Ähnlichkeit. Ich glaubte, meinen Papi auf der Note zu erkennen, so stark glichen sie sich. In meiner Kindheit hatte auch ich das Glück, Alberto Giacometti kennen zu lernen. Er war im Jahre 1962 zu Besuch bei seiner Mutter in Stampa. Ich war noch ein kleines Mädchen und seine Erscheinung machte mir ein wenig Angst. Meine Eltern erzählten mir, dass ich zu ihnen gesagt haben soll: „Dieser Mann sieht ja schrecklich aus, mit seinen wilden Haaren!"

Zurück nach Rom. Da gab es auch noch meine liebenswürdige Tante Ada. Bei ihr und ihrem Mann, der ebenfalls Alberto hieß, übernachteten ich und mein Papi jeweils. Sie liebte Tiere, wie ich auch, und so hatten wir immer ein gemeinsames Thema. Von ihrem Küchenfenster blickte man auf eine alte römische Ausgrabungsstätte. Dort hielten sich hunderte von streunenden Katzen auf. Täglich warf meine Tante etwas zu essen für diese armen Tierchen herunter. Auch sie hielt immer engen Kontakt zur Giacometti-Verwandtschaft und pflegte ein Leben lang eine tiefe Freundschaft mit Diego Giacometti (dem Bruder von Alberto). Diego wohnte ebenfalls in Paris, war auch ein hervorragender Künstler, erwies sich aber besonders als der Retter von vielen Kunstwerken Albertos, die dieser zerstören wollte. Diego Giacometti habe ich ebenfalls kennengelernt, anlässlich einer Alberto-Giacometti-Ausstellung im Jahre 1973 in Lugano hat er mir sogar eine Widmung in den Ausstellungskatalog geschrieben. Man hat mir erzählt, dass meine Zia Ada und Diego ineinander verliebt waren. Da aber die beiden Cousins zweiten Grades waren, hatten die Eltern ihnen verboten zu heiraten. Die Liebe hielt jedoch ein Leben lang. Die beiden Cousins telefonierten regelmäßig miteinander, von Rom nach Paris und umgekehrt, was zur damaligen Zeit sicher nicht üblich war.

So hat mir meine Mami einmal berichtet, dass sich die beiden in der Nacht vor der Hochzeit mit dem neuen Partner meiner Tante noch heimlich getroffen hätten. Diego blieb unverheiratet.

Der plötzliche Tod meines Papis ist nach wie vor, obwohl bereits exakt 40 Jahre vergangen sind, das einschneidenste Ereignis in meinem bisherigen Leben. Ich verlor den Boden unter den Füßen, rannte durch die Stadt und schrie vor Verzweiflung. Ich konnte es einfach nicht fassen, ihn nie wieder in die Arme nehmen zu können. Dabei hatte ich doch den Traum, ein halbes Jahr später eine Wohnung mit ihm zusammen zu beziehen und ihm ein Zimmer fürs Malen einzurichten. Schließlich wiederholte meine Mami immer wieder, dass sie sich nicht vorstellen könne, dass sich mein Papi als Pensionierter den ganzen Tag bei ihr zu Hause aufhalte. Ich selber konnte und wollte nicht mehr ihr Geschrei anhören. Mein Papi erwähnte immer wieder, dass er nach der Pensionierung mit dem Malen beginnen wolle. Ich selber kann nur bestätigen, dass er ebenfalls die künstlerische Ader der Giacomettis geerbt hatte. So träumte ich, dass ich mit ihm zusammen wohnen würde. Leider wurde nichts daraus, denn mein geliebter Papi starb im Alter von 64, ein halbes Jahr vor seiner Pensionierung. Es hat mir das Herz gebrochen.

Mein Papi hat mir die Liebe zur Kunst weitergeben. Ich habe alles, was ich von ihm vererbt bekommen habe, immer noch und bewahre es mit großer Hochachtung auf. Je mehr Jahre ins Land gingen, desto mehr habe ich mich für die Geschichte der Giacomettis interessiert. Wenn immer es eine Gelegenheit gab, besuchte ich eine Ausstellung. Ich war schon in unzähligen Kunstmuseen sowie Ausstellungen und es faszinierte mich immer mehr. Ich genieße es, wenn ich auf eine Vernissage eingeladen werde und den für mich spannenden Vorträgen über diese einzigartige Familie lauschen kann. An diesen Orten habe ich schon viele interessante Kontakte geknüpft. Selber habe ich mir eine große Kollektion an Bücher über die Giacometti-Künstler zugelegt. Auch kehre immer wieder ins Bergell, das Tal der Giacomettis, zurück. Es hat auch mich in seinen Bann gezogen, und diese Faszination wird mich wahrscheinlich nie loslassen. In diesem authentischen Tal mit seinen verzauberten Wäldern und den mächtigen Bergen fühle ich mich immer sofort wie zuhause. Mit meinem Mann verbringe ich des Öfteren die Ferien in dieser Gegend.

Leider gab es auch die Schattenseiten in der Familie Giacometti. Es geschah durchaus, dass sich plötzlich, nach Jahren der Stille, Verwandte meldeten, die der Meinung waren, sie müssten über die Bilder verfügen, die seit einem halben Jahrhundert in unserem Besitz waren. Das führte immer zu unliebsamen Diskussionen und ich erinnere mich daran als eine sehr mühsame und leidige Zeit. Meine Mami hatte sich damals erlaubt, ein Bild von Alberto Giacometti, welches sie von meinem Papi geerbt hatte, zu verkaufen. Es handelte sich um das Bild, das die Großmutter Giacometti meinen Eltern zur Hochzeit geschenkt hatte. Der Verkauf war eine Verzweiflungstat. Mein Bruder Reto, der sich schon länger auf der schiefen Bahn befand, brauchte immer wieder Geld, um seinen unseriösen Lebenswandel sowie seine Sucht zu finanzieren. Bußen und Konsumschulden waren an der Tagesordnung. Meine Mami drehte ihm eines Tages den Geldhahn zu, da sie ihm schon mehrere tausend Franken gegeben hatte. So drohte mein Bruder mehrmals, er würde ihr das Bild wegnehmen und es verkaufen. Später einmal musste mein Mami sogar die Polizei zur Hilfe rufen, als Reto schreiend wie ein Irrer im Haus umherrannte, das Bild abhängte und Anstalten machte, damit davonzulaufen. Nach diesem Debakel drohte die Hausverwaltung sogar mit der Wohnungskündigung, sollte solch ein Vorfall sich wiederholen. Die durch meinen Bruder beschädigte Lifttür musste sie dennoch selber berappen. Meine Mami wollte unbedingt das Geld retten, das das Bild wert war. So entschloss sie sich, es an einen Kunstliebhaber zu veräußern, ohne uns vorher darüber zu informieren. Die Familie Giacometti erfuhr von diesem Verkauf erst, als das Bild Jahre später bei einem Auktionshaus angeboten wurde. Der Skandal war perfekt! Da sich alle vor der Reaktion meiner Mami fürchteten, ging die Verwandtschaft auf mich los. Ich aber wusste wirklich nichts von diesem Verkauf und konnte zudem diesen Aufstand nicht verstehen, da sich die lieben Verwandten nach dem Tod meines Papis kaum mehr für uns interessierten, geschweige denn nachgefragt wurde, wie es uns erginge. Aber jetzt, wo es um viel Geld ging, da meldeten sie sich und befahlen uns, das Bild aus der Auktion zurückzuziehen. Sie drohten uns sogar mit rechtlichen Schritten. Es wurde plötzlich sogar der rechtmäßige Besitz infrage gestellt. Aber das Bild befand sich schon seit über 50 Jahren im Besitz meines Papis und nach dessen Tod meiner Mami. Zum Glück hatte mein Papi zu jener Zeit, als er die Bilder geschenkt bekommen hatte, seine Rechte auf dieses Bild notariell beglaubigen lassen, damit feststand, dass er der rechtmäßige Besitzer war. Zu jener Zeit, als meine Eltern das Bild zur Hochzeit bekamen, interessierte sich niemand ernsthaft für diese Kunst. Der Name Alberto Giacometti war noch nicht so bekannt und berühmt, wie er heute ist. Das wurde er erst mit seinen schlanken Bronzefiguren.

Als das Drama mit dem Bildverkauf ins Rollen kam, war Alberto Giacometti mittlerweile international berühmt geworden und die Preise seiner Kunstwerke schnellten bei den Auktionen in die Höhe. Unter anderem wurden diese hohen Beträge getrieben von Spekulanten und Wohlhabenden, die in den Werken Giacomettis eine sichere Investition erkannten – zum Teil ohne ein wirkliches Interesse an der Kunst selbst zu haben. Es war für mich sehr befremdlich, dass gerade jetzt, als die Bilder einen hohen Wert aufwiesen, die Verwandtschaft plötzlich einen Anspruch geltend machen wollte. All die herablassenden und mit einem drohenden Unterton verfassten Briefe aus dieser Zeit haben mich zutiefst gekränkt. Ich konnte das ganze Theater nicht nachvollziehen. Zumal auch meine Tante aus Geldnot ein Bild verkauft hatte, ohne dass das vonseiten der Verwandtschaft Beachtung fand. Die Beziehung zu dem betreffenden Onkel habe ich abrupt abgebrochen. Ich fand es sehr schade, da ich als Kind viele Ferien bei ihm verbracht hatte und eine wirklich gute Zeit bei ihm erleben durfte. Er hatte mich vor diesem Zerwürfnis auch bei meiner Hochzeit zum Altar begleitet anstelle meines Papis, was mir sehr viel bedeutete. Hier erwies es sich leider wieder: Wenn das liebe Geld dazwischen kommt, dann lernt man seine Verwandten erst wirklich kennen.

Ironie des Schicksals: Jahre später, als ich etwa 45 Jahre alt wurde, erfuhr ich, dass vermutlich nur mein Papi mich adoptiert hatte. Dazu mehr im Kapitel „Das fehlende Dokument“.

> *„Eine der hartnäckigsten Mythen besteht darin, dass es zwar möglich sei, ein adoptiertes Kind zu lieben, aber nicht so tief wie ein biologisches Kind. Der Mythos der Vorherrschaft der Blutsbande hält sich mit grosser Hartnäckigkeit. Die meisten Adoptiveltern sagen, dass sie sich nicht vorstellen können, ein leibliches Kind lieber zu haben.“*
> (Quelle: http://www.adopt-beratung.ch/literatur-faq)

Das Leben mit einer depressiven Mutter

Als die Depressionen bei meiner Mami akut wurden, wohnte ich schon lange nicht mehr bei ihr. Aber ich wurde trotzdem involviert und fühlte mich ohnmächtig gegenüber dieser Krankheit. Es beschäftigte mich sehr und ich wusste nicht, wie ich ihr helfen konnte. Wenn ich mich aber zurückerinnere, hatte sie schon immer psychische Probleme, auch schon, als ich noch zuhause in Lugano wohnte. Wenn sie wütend oder unzufrieden war, nahm sie Beruhigungstabletten und legte sich oft einen ganzen Nachmittag ins Bett. Sie hatte angefangen, Schlaf- und Beruhigungstabletten zu nehmen, als ich circa ein Jahr alt war, und konnte sich das ganze Leben lang nicht mehr von dieser Chemie trennen. So nahm das Ganze schließlich seinen Fortgang.

Meine Mami hatte auch dauernd Valium auf Lager. Sie war schon seit Jahren depressiv, sagte oft, sie wolle nicht mehr leben. Ich erinnere mich noch sehr gut an einen Sonntag, an dem mein Papi meine Mami unter die Dusche geschleppt und sie zum Erbrechen gebracht hat. Es war eine schreckliche Szene. Was genau dem vorausgegangen war, weiß ich nicht mehr genau, aber sie hatte offensichtlich zu viele Beruhigungstabletten geschluckt. Für ein Kind ist es nicht einfach zu verstehen, was gerade in einem Elternteil abläuft. Vielleicht hatten meine Eltern Probleme, die ich nicht kannte.

Was mir auch noch sehr präsent ist, sind die Momente, in denen ich meine Mami suchen musste. Sie äußerte häufig Suizidgedanken und verschwand dann. Da sie wiederholt sagte, sie werde nun von der „Casa Torre“ (ein Hochhaus in der Nähe unserer Wohnung) springen, war dieser Ort immer mein erster Anlaufpunkt. Es war schrecklich. Ich fuhr jeweils mit dem Lift bis in den obersten Stock hinauf, rannte die Treppe der 15 Stockwerke anschließend hinunter, um bei jedem Fenster zu schauen, ob sie sich dort hinausstürzen wollte. Völlig erschöpft und außer Atem kam ich jedes Mal unten an, ohne dass ich sie je in diesem Hochhaus gefunden habe. Nach dieser großen Aufregung lief ich immer wieder nach Hause und traf meistens meine Mami dort an, als wenn nichts gewesen wäre.

Es war tatsächlich so, dass jedes Jahr mehrere Personen von diesem Hochhaus in den Tod sprangen. Jahre später wurden daraufhin alle Fenster des Treppenhauses verriegelt. Leider habe ich einmal selbst mitbekommen müssen, als sich eine Frau vom Hochhaus stürzte. Kein schöner Anblick.

Die Depressionen bei meiner Mami wurden mit den Jahren stärker. Sie war bei ihrem Hausarzt und bei einer Psychiaterin in Behandlung, bekam ihre ersten Antidepressiva verschrieben und es schien ihr eine Zeitlang besser zu gehen. Nach wie vor schluckte sie aber nebenbei auch immer wieder Beruhigungstabletten und nahm regelmäßig Schlaftabletten, denn ohne diese fand sie nachts keine Ruhe mehr. Das war bereits ein ungesunder Medikamentencocktail, aber noch nichts im Vergleich, was später noch alles dazukam. Nach einer gewissen Zeit schienen die Antidepressiva nicht mehr so zu wirken wie erwünscht, also erhöhte die Psychiaterin die Dosierung. Es brauchte mehrere Wochen, bis eine Besserung eintrat. Da ich regelmäßig mit meiner Mami telefonierte und wir uns auch oft sahen, versuchte ich ihr so weit es ging beizustehen. Ich litt mir ihr und ihr Zustand beschäftigte mich gehörig. Ich konnte ihr beistehen, aber ihr nicht wirklich helfen. Trotz der Medikamente verschlechterten sich die Depressionen zunehmend. So bekam sie immer wieder neue Mittel, und jedes Mal fiel sie daraufhin für Wochen in ein tiefes Loch. Die Suizidgedanken blieben, sie ertrug diese psychischen Schwankungen einfach nicht mehr. Aus Angst, sie würde sich etwas antun, reiste ich oft nach Lugano, um im Notfall helfen zu kommen. Realistisch gesehen hätte es schon viel zu spät sein können, bis ich in Lugano war. Ich versuchte immer, eine ihrer Freundinnen oder eine Nachbarin zu alarmieren, die dann freundlicherweise Nachschau hielten. Es war eine harte Zeit für alle. Ihre depressiven Zustände verschlechterten sich zusehends und die Psychiaterin empfahl einen Aufenthalt in einer Klinik. Meine Mami zögerte lange, aber schlussendlich, als es wirklich nicht mehr anders ging, ließ sie sich einweisen.

Das erste Mal blieb sie für sechs Wochen. Eine Besserung gab es nicht wirklich. Zum Glück hatte meine Mami sehr viele Aktivitäten. Sie leitete eine Gymnastik- und eine

Walkinggruppe und instruierte mehrere Volkstanzgruppen. Trotz ihrer Verzweiflung gab sie diese Tätigkeiten nie auf und ganz sicher war es das, was sie am Leben erhalten hat. In der Zwischenzeit waren die Tabletten, die sie tagtäglich einnahm, auf ca. 10 Stück angestiegen, dazu kamen auch noch weitere gegen Herzrhythmusstörungen und zur Behebung von Beschwerden der Schilddrüse. Aber es ging ihr immer schlechter. Ständig musste die Psychiaterin die Dosierung erhöhen oder ein neues Präparat ausprobieren. Heute ist bekannt, dass diese Psychopharmaka nur bei ca. einem Drittel der Patienten wirken, wenn überhaupt. Aber Mamis Abhängigkeit war schon so stark, dass sie diese zeitlebens nicht mehr loswurde.

So kam es zum zweiten Klinikaufenthalt. Am Boden zerstört trat sie ein und wir alle hofften, dass man ihr nun helfen könnte. Die Ärzte versuchten es mit einem sehr starken Medikament, welches normalerweise nur, wenn alle anderen Möglichkeiten ausgeschöpft sind, verabreicht wird: Lithium. Sie bekam derart heftige Nebenwirkungen, dass das Experiment abgebrochen werden musste. Es verging über einen Monat oder mehr, bis es meiner Mami wieder ein wenig besser ging. So begannen die Ärzte wieder von vorne mit einem neuen Medikament.

Der Aufenthalt in der Klinik dauerte diesmal drei Monate. Als sie nach Hause zurückkam, ging es ihr nicht besser als vorher. Das war ernüchternd und sollte sich auch nicht ändern: Meine Mami litt bis zu ihrem Lebensende an diesen Depressionen, insgesamt etwa 30 Jahre. Die Antidepressiva haben ihr während dieser ganzen Zeit nur phasenweise Linderung gebracht. Die meiste Zeit fühlte sie sich aber schlecht. Sie überbrückte die akuten depressiven Phasen mit allerlei Beruhigungsmitteln. Aber das Allerschlimmste stand ihr noch bevor – die Herzrhythmusstörungen wurden auch immer heftiger. Ich musste dann von der deutschen Schweiz aus, quasi notfallmäßig, ihren Hausarzt kontaktieren. Er sagte mir gleich, dass er meine Mami schon lange nicht mehr in der Sprechstunde gesehen hätte, obwohl sie mir immer gegenüber beteuerte, regelmäßig zum Arzt zu gehen. Der Arzt erkannte sofort die Dringlichkeit und alarmierte gleich die Ambulanz, während er sich auf den Weg zu ihr machte. Er hatte ihr schon seit längerer Zeit empfohlen, sich im Herzzentrum untersuchen zu lassen, aber sie wollte nicht.

Meine Mami wurde ins Cardiocentro überführt, wo sie sich vielen Untersuchungen unterziehen lassen musste. Die Kardiologen reduzierten ihre tägliche Ration Tabletten auf ein Minimum und meiner Mami ging es miserabel. Als ich ins Spital fuhr, traf ich auf ein Häufchen Elend. Sie hatte wahnsinnige Entzugserscheinungen und lag den ganzen Tag zusammengerollt in der Embryonalstellung im Bett. Im Gespräch mit den Ärzten bat ich diese umgehend, ihr die Tabletten zu geben, die sie gewohnt war zu nehmen. Sie weigerten sich und sagten zu mir, dass diese Ration Psychopharmaka, die meine Mami täglich einnehme, tödlich sein könne! Nachdem ich das alles miterleben musste, habe ich mir geschworen, dieses Zeug nie anzufassen. Die ganzen Psychopharmaka halfen ihr nichts, im Gegenteil: sie hatten meine Mami in eine starke Abhängigkeit getrieben und nun musste sie leiden, weil man ihr einen Teil wegnahm.

Sie konnte diese schreckliche Zeit überstehen, weil sie bei sich zuhause noch viele Beruhigungsmittel versteckt hatte, die sie ohne das Wissen der Ärzte zu sich nahm. Sie tat mir extrem leid. Der vorgesehene Eingriff am Herzen konnte schlussendlich nicht durchgeführt werden, weil leider noch andere schwere körperliche Erkrankungen dazukamen.

Es war eine lange Leidensgeschichte, bis zu ihrem Lebensende. Schade, dass sich meine Mami nie in eine Psycho- oder Gesprächstherapie begeben wollte. Sie hat sich geweigert, über ihre Kindheit oder Vergangenheit zu reden. Ihrer Meinung nach hätte das nichts gebracht. Aber leider haben auch die Psychopharmaka sie nicht zum gewünschten Erfolg geführt.

Ich gehe meinen Weg

Die große Pubertätskrise war 1976 überwunden, ich war nun 18 Jahre alt, als mir eine einjährige Lehre als Telefonistin bei der damaligen PTT (Telefonauskunft) angeboten wurde. Ich habe mich dafür entschieden, weil ich dort auch meine Sprachkenntnisse aufpolieren konnte und gleichzeitig wieder eine Zukunftsperspektive hatte. In dieser Zeit kam ich auch in Kontakt mit jungen Menschen einer Freikirche. Sie hatten eine große Gruppe mit sehr aufgestellten Jugendlichen. Da ich im Leben noch auf „wackeligen Beinen" stand, habe ich mich dieser Gruppe angeschlossen. Sie gab mir einen gewissen Halt. Es sind daraus langjährige und tiefe Freundschaften entstanden, die ich noch bis heute pflege. Es war gut, dass ich einen gewissen Halt in der Religion fand, denn es kam noch eine schlimme Zeit auf mich zu. Kurz bevor ich die Prüfungen als Telefonistin ablegen konnte, starb plötzlich und unverhofft mein geliebter Papi. Dieses Ereignis hatte mich zu tiefst traumatisiert. Ich konnte diesen Schicksalsschlag nur dank der großen Unterstützung dieser neuen Freundschaften und der Kirche überstehen. Der Lehrbetrieb bot mir an, die Prüfungen zu verschieben, aber ich wollte sie unbedingt abschließen. Das Lernen war für mich eine gute Ablenkung. Über Jahre konnte ich mit fast niemandem über diesen Verlust sprechen. Ich hatte immer das Gefühl, dass es niemanden gab, der genügend würdig war, um über meinen allerliebsten Papi zu reden.

Ich bestand die Prüfungen mit Bravour und arbeitete schließlich noch fast ein Jahr beim Telefonamt, bevor ich mich für einen Sprachaufenthalt in Brighton, England, entschied. Das war eine ganz spannende Erfahrung, denn ich kam mit Jugendlichen aus aller Welt in Kontakt. Zu jener Zeit war die Migration noch nicht so ausgeprägt wie heute. Ich verlängerte meinen Aufenthalt immer wieder und blieb schlussendlich neun Monate in Großbritannien. Mit einer Bekanntschaft aus der Schule durchquerte ich ganz England, vom südlichsten Zipfel bis zum nördlichsten Punkt.

Kurz bevor ich in die Schweiz zurückkehrte, beauftragte ich meine Mami damit, nach einer Stelle in Lugano Ausschau zu halten, bei der ich meine Englischkenntnisse anwenden könne. Sie wurde schnell fündig und unterzeichnete für mich in Stellvertretung den Anstellungsvertrag. So etwas ist heutzutage kaum vorstellbar! Ich kam Weihnachten 1978 in die Schweiz zurück und hatte ab dem 1. Januar 1979 bereits eine Arbeitsstelle bei „Rothschild, Unterberg und Towbin“, einem amerikanischen Broker. Mein neuer Chef war der Vater eines meiner ehemaligen Schulkameraden. Der Chef selbst war in jungen Jahren von Aarau nach Lugano disloziert. Er spielte Fußball beim FC Aarau, ließ sich zum FC Lugano transferieren und kehrte danach nicht mehr in die Deutschschweiz zurück. Ein paar Jahre später machte ich genau das Gegenteil: Ich wechselte von Lugano nach Aarau. Mein Beweggrund war natürlich nicht der Fußball, sondern die Liebe.

Bei der Rothschild erlebte ich eine wirklich gute Zeit. Die Arbeit rund um und in Verbindung mit der Börse war meist sehr hektisch. Am Morgen erhielten wir die Aufträge zum Kauf und Verkauf von Aktien, Obligationen oder Optionen von den ansässigen Banken, und mussten mit dem Telefax alle Aufträge auf Bänder vorbereiten. Kurz bevor die Börse in New York eröffnete (ca. um 14 Uhr Schweizer Zeit), wurden die meterlangen Lochbänder durch den Telex gezogen. Während der Öffnungszeiten des Stock exchanges kamen immer wieder Aufträge von Banken, die so schnell wie möglich zu unserem Broker-Vertreter in New York übermittelt werden mussten. Dann hieß es: spurten! Da der Chef sehr zuvorkommend und die Ruhe selbst und wir ein sehr ausgeglichenes Team waren, konnten wir die hektischen Zeiten gut überstehen. Der Verdienst war auch entsprechend fürstlich.

Im Gegensatz zur Arbeit, ging es zuhause nicht so harmonisch zu. Die Beziehung zwischen meiner Mami und meinem Bruder verschlimmerte sich zusehends und beiden stritten sich von morgens bis abends. Ich versuchte so oft wie möglich, diesen Spannungen auszuweichen, obwohl ich immer noch Teil der Familie war. Meine Mami war zunehmend mit der Situation überfordert und hatte kaum Anlaufstellen, die sie um Hilfe bitten konnte. Dann kam aber für mich ein Lichtblick, der rettende Prinz, der mich aus der alltäglichen „Hölle“ befreite.

Der rettende Prinz

Es war mir nicht von Anfang bewusst, dass Thomas mein rettender Prinz sein wird, aber ich nenne ihn so, weil er mich aus der „Teufelsküche“ befreite.

An einem heißen Julitag 1979 begegneten wir uns zum ersten Mal. Wir waren beide zwanzig Jahre alt. Er war gerade auf einer kleinen Tour de Suisse mit der Bahn, bevor er in die militärische Rekrutenschule einrücken musste. Auf seiner Reise übernachtete Thomas vornehmlich in Jugendherbergen. Da Hochsaison herrschte, fand er in Locarno keinen freien Platz mehr. So reiste er weiter nach Lugano, in der Hoffnung, dass sich in der hiesigen Jugendherberge eine Übernachtungsmöglichkeit biete. In überhitztem Zustand am späten Nachmittag in Lugano angekommen, beschloss er, die Suche abzukürzen, indem er in einer Telefonkabine aus einem Telefonbuch ein Hotel auswählte, das seinem Namen nach am See liegen musste: das Hotel Seegarten. Dort angekommen, erblickte er vom Fenster seines Zimmers, dass es sogar einen Swimmingpool im Hotelgarten gab. Nach so einem heißen Tag war eine Abkühlung höchst willkommen. Stracks begab er sich zum Swimmingpool, um einige Längen hin und her zu schwimmen.

Auf die gleiche Idee kam in diesem Moment auch eine junge Frau. Das war ich. Ich hatte mich entschlossen, nach der Arbeit ein wenig schwimmen zu gehen, auch um die in England zugelegten Kilos loswerden. Es war der erste Abend, an dem ich mein Vorhaben endlich umsetzte. Und so kam es, dass Thomas sich zu mir gesellte. Wir schwammen beide hin und her und kreuzten uns jeweils in der Mitte des Beckens – natürlich nicht ohne gegenseitige interessierte Blicke. Schließlich hatte ich genug vom Schwimmen und ruhte mich am Beckenrand aus. Der junge Mann kam auf mich zu und wir begannen zu plaudern. Er war überzeugt, dass auch ich ein Gast des Hotels wäre und in Lugano die Ferien verbringen würde. „Nein“, sagte ich ihm, „ich wohne in Lugano und habe von unserem Hausbesitzer, der auch Besitzer des betreffenden Hotels ist, die Erlaubnis, am Abend nach 18 Uhr hier schwimmen zu dürfen.“ Der junge Mann packte die Gelegenheit am Schopf und fragte mich, ob ich ihm später am Abend die Stadt zeigen würde, denn schließlich war ich eine von hier und kannte meine Stadt. Er machte auf mich einen sehr sympathischen Eindruck und so habe ich spontan zugesagt. Das war eine der besten Entscheidungen meines Lebens!

Wir trafen uns um ca. 20 Uhr, und noch heute hält er mir vor, dass ich fast eine Viertelstunde zu spät gekommen sei. Er zweifelte, ob ich überhaupt noch aufkreuzen würde. Doch ich enttäuschte ihn nicht. Wir schlenderten durch den Park, spazierten am See entlang und begaben uns auf die Piazza della Riforma, um dort etwas zu trinken. Wir verstanden uns von Anfang an sehr gut. Zu später Stunde kehrten wir zurück. Er begleitete mich bis vor die Haustür, wo ich schließlich ein Küsschen auf die Wange erhielt. Ich war wie elektrisiert. Wir tauschten die Adressen und fort war er. So fing unsere gemeinsame Geschichte an.

Thomas musste gleich ein paar Tage später in die Rekrutenschule einrücken. Wir schrieben uns viele Briefe und ab und zu telefonierten wir auch miteinander. Etwa fünf Monate später haben wir uns wiedergetroffen. Er hatte gerade sein erstes Auto gekauft und beabsichtigte, damit ins Tessin zu fahren, um mich zu besuchen. Doch der massive Schneefall ließ es nicht zu, mit dem Auto über den Gotthard zu fahren. Es gab den Gotthardtunnel damals noch nicht, aber auch noch nicht so viel Straßenverkehr. Trotzdem ließ er es sich nicht nehmen, mich besuchen zu kommen, und bestieg statt des Autos den Zug in Richtung Süden. In Lugano konnte er bei mir zuhause übernachten und wir verbrachten das Wochenende zusammen. Zwei oder drei Wochen später durfte ich ihn dann in Aarburg besuchen. Ich machte die Reise mit dem Zug, weil ich noch kein Auto besaß. Von seiner Familie wurde ich sehr liebevoll aufgenommen. Dieses Hin und Her jedes zweite Wochenende setzten wir noch über zweieinhalb Jahre weiter fort. So haben wir uns doch jedes Wochenende sehen können.

Wir hatten eine sehr harmonische Beziehung und verstanden uns blendend. Nur ich schämte mich für meine Familie. Thomas musste das Geschrei und die Streitereien mit anhören, das war er von seinem Zuhause nicht gewohnt. Ehrlich gesagt hatte ein bisschen Angst, dass er mich wegen diesen Unannehmlichkeiten verlassen könnte. Doch er konnte gut differenzieren und die Sache rasch einordnen.

Je tiefer die Beziehung zu Thomas wurde, umso mehr entfernte ich mich auch von der Freikirche. Ich hatte eine neue Stütze gefunden. Aber das war nicht nur der ausschlaggebende Grund. Zunehmend hatte ich das Gefühl, dass ich nicht mehr selbstständig denken und entscheiden würde. Alles wurde immer in Gottes Hand gelegt und mir wurde es mehr und mehr zu viel des Guten. Nicht dass ich den Glauben gänzlich aufgegeben hätte, aber ich bekundete zunehmend Mühe mit den fanatischen Mitgliedern dieser Kirche. Es stimmte für mich einfach nicht mehr.

Ein, zwei Jahre vergingen, und Thomas begann mich zu drängen, nach einer Arbeitsstelle in der deutschen Schweiz zu suchen. Zwar wollte ich von zu Hause weg, aber meine Arbeitsstelle war mir heilig. Es gefiel mir dort zu gut. Beharrlich schickte mir Thomas Stelleninserate, um mich in die deutsche Schweiz zu locken. Ich schrieb einige Bewerbungen und konnte mich schließlich bei der damaligen Fremdenpolizei in Aarau bei einem persönlichen Gespräch vorstellen. Ich hatte das große Glück, dass der damalige Chef, welcher über Jahrzehnte in Chur gelebt hatte, fasziniert war, dass sich eine Giacometti für die ausgeschriebene Stelle als Chefsekretärin bewarb. Außerdem war seine Mutter eine gebürtige Tessinerin. Ich denke, schon allein deswegen durfte ich mich bei ihm überhaupt vorstellen. Ich hoffe, dass es noch andere Eigenschaften gab, aufgrund dessen ich dann die Stelle erhalten habe! Ich verschwieg ihm nicht, dass meine Deutschkenntnisse nicht den Erwartungen genügen würden, da ich alle Schulen in italienischer Sprache besucht hätte. Auf Schweizerdeutsch konnte ich mich gut unterhalten, da ich ja zweisprachig aufgewachsen bin, doch in der deutschen Grammatik hatte ich große Lücken. Er überlegte sich die ganze Sache reiflich, bis ich schließlich die endgültige Zusage erhielt. Diese Stelle war ein Glückstreffer und ich bin ihm noch heute dankbar, dass er mir diese Chance ermöglicht hat. Mein Chef meinte, ich sei noch so jung und könnte doch noch vieles dazulernen. Ich war erst 23 Jahre alt, als ich das Tessin verließ.

Zur täglichen Korrespondenz als Chefsekretärin bei der Fremdenpolizei gehörte die Ausstellung von Einreisebewilligungen für Adoptivkinder aus aller Welt zu meiner Aufgabe. Es war für mich besonders spannend, einen Einblick in diese Verfahren haben zu können, da mich dieses Thema schließlich selbst betraf. Jahre später stellte sich heraus, dass ich die Einreisebewilligung des Adoptivkindes unserer zukünftigen besten Freunde erstellt hatte, die damals ein Kind aus Kolumbien aufgenommen haben. Später stellten wir fest, dass tatsächlich meine Signatur, damals noch „Giacometti“, auf ihren Unterlagen haftete!

Meine erste Wohnung bezog ich in einem alten Bauernhaus in Erlinsbach in der Nähe von Aarau. Ich wohnte dort allein und stand nun endlich auf eigenen Beinen. Als ich meine letzten Utensilien von Lugano abholte und mich von meiner Mami verabschiedete, sah ich sie zum ersten Mal richtig weinen. Es tat mir weh, aber die Zeit war gekommen, um meinen eigenen Weg zu gehen. Sie wusste, dass auch auf sie nun ein neuer Lebensabschnitt warten würde. Zum Abschied schenkte sie mir ihren Brillantring, den ich noch heute täglich trage.

Ein Jahr später heirateten Thomas und ich. Unsere große Liebe war nun offiziell besiegelt. Dass ich ihn kennen lernen durfte, war der größte Segen in meinem Leben. In meinen Mann konnte ich von Anfang an volles Vertrauen haben. Bei ihm durfte ich so sein, wie ich bin. Ich konnte mich gehen lassen und ihm meine innere Welt anvertrauen. Er hat mich immer so geliebt, wie ich bin. In meinen Augen ist das die höchste Stufe der Liebe, die man erfahren kann. Er ist immer für mich da, ist meine Stütze in schwierigen Zeiten, ein Geschenk des Himmels. Und unsere Liebe hält nun schon fast 40 Jahre an!

Mit meiner Mutter blieb ich regelmäßig in Kontakt. Ich fuhr oft nach Lugano, war dann aber immer froh, in meinen eigenen vier Wänden in Ruhe zu leben. Je mehr die Zeit verging, desto weniger ertrug ich die Streitereien zwischen meinem Bruder und meiner Mami.

Wenn ich in Lugano geblieben wäre, wäre ich wahrscheinlich an der ständig angespannten Situation zerbrochen. Ich wäre noch intensiver eingebunden worden und mit meiner Hochsensibilität hätte ich mir ständig Sorgen machen müssen, hätte versucht zu helfen und zu schlichten, ohne vermutlich damit das Kleinste bewirken zu können. Ich wäre daran zerbrochen!

Ein Rückblick: Reto. Die Hölle auf Erden

Am 1. Juli 1964, als ich 6 Jahre alt war, kam mein Bruder Reto als leiblicher Sohn meiner Eltern zur Welt. Meine Mami ist bei der Geburt fast gestorben, auch mein Bruder hat nur wie durch ein Wunder überlebt. Der Arzt hatte eine schwierige Geburt vorausgesehen und einen Kaiserschnitt geplant. Als die Wehen einsetzten, hatte man versucht, den Arzt zu erreichen. Er war gerade beim Angeln und ließ sich Zeit, bis er endlich ins Spital zu meiner Mami kam. Er dachte wahrscheinlich, dass die Wehen noch lange andauern würden. So war es aber nicht. Als der Arzt eintraf, war die Geburt schon so weit fortgeschritten, dass ein Kaiserschnitt nicht mehr möglich war. Meine Mami war viel zu schmal gebaut für eine normale Geburt und das Kind war sehr groß und blieb im Geburtskanal stecken. Meine Mami wurde vom enormen Blutverlust immer wieder ohnmächtig und hörte den Arzt nur noch sagen: „Also wenn sie schon ein Kind hat, dann retten wir die Mutter." Zum Glück überlebten es letztendlich beide.

Als meine Mami aus ihrer Ohnmacht im Kreißsaal wieder zu sich kam, sah sie gerade noch, wie das Personal das Blut von den Wänden wegputzte. Der kleine Reto war am ganzen Körper blau. Ob diese schwierige Geburt auch Folgen für das Neugeborene haben werde, wurde verschwiegen. Schließlich hätte der Arzt Schlimmeres vermeiden können, wäre er nicht so spät erschienen. Leider zeigte sich aber im Laufe der Jahre, dass es mit hoher Wahrscheinlichkeit während der Geburt bei meinem Bruder zu einem größeren Sauerstoffmangel gekommen ist.

Als sich die beiden von den Strapazen erholt hatten und wieder nach Hause durften, mussten sie schon bald die lange Reise nach Bern auf sich nehmen, weil ich mit einem lebensbedrohlichen Darmverschluss im Inselspital lag. Meine Mami blieb mehrere Wochen bei meinen Großeltern. So konnte sie mich jeden Tag besuchen.

Gegen Herbst war dann endlich die ganze Familie wieder vereint und der normale Alltag konnte seinen Gang gehen. Zu jener Zeit besuchte ich noch ein zusätzliches Jahr im Kindergarten, während mein Bruder den ganzen Tag nur aß und schlief. Die ersten neun Monate war er das pflegeleichteste Kind, das man sich vorstellen konnte, so erzählte es meine Mami immer wieder. Langsam, aber sicher kam dann die Wende. Er hatte nun genügend Kräfte gesammelt und wurde immer lebhafter. Von nun an musste man immer ein Auge auf Reto haben, nichts war mehr sicher vor ihm. Und es wurde von Tag zu Tag schlimmer. Solange es noch ging, steckte meine Mami ihn ins Laufgitter. Draußen musste man ihn quasi an der Leine führen. Er war unglaublich schnell und probierte einfach alles aus. In unserer Familie hieß es nur noch: Wo ist Reto? Was macht Reto? Wer schaut gerade zu Reto? Die Geduld meiner Eltern wurde unglaublich auf die Probe gestellt. Für meine ungeduldige Mami begann eine sehr schwierige Zeit, und es wurde immer schlimmer statt besser. Sie versuchte, ihn mit ihrer Strenge zu bändigen, aber es gelang ihr überhaupt nicht. Je strenger sie wurde, desto unberechenbarer wurde Reto. Zudem war es für meine Mami sehr unangenehm, wenn wir zu Besuch bei ihren Eltern waren. Mein Großvater warf ihr immer wieder vor, dass sie nicht fähig sei, meinen Bruder richtig zu erziehen.

Mein Vater widmete Reto sehr viel Zeit. Er spielte stundenlang mit ihm. In dieser Zeit schien er ruhiger zu sein. Papi versuchte Reto zu lieben und zu nehmen, wie er eben war. Meine Mami konnte das nicht. Sie hat meinen Bruder manchmal an den Tisch gebunden und ihn unzählige Male verprügelt, des Öfteren auch mit dem Teppichklopfer. Aber anstatt sich zu unterwerfen, lachte mein Bruder oftmals darüber, was sie noch wütender machte.

An ein harmonisches Familienleben war nicht mehr zu denken. Auch ich hatte meine liebe Mühe mit meinem Bruder, weil er jede Gelegenheit nutzte, an meine Sachen zu gelangen, um sie dann zu zerstören. Ich war sehr sorgfältig im Umgang mit meinen Sachen, aber Reto fielen unter anderem viele meiner Lieblingsplüschtiere zum Opfer. Zudem bestand zwischen uns ein sechs Jahre großer Altersunterschied. Seine Interessen entsprachen nicht den meinen. Ich war froh, wenn ich zur Schule konnte und dort meine Ruhe hatte.

Als Reto drei Jahre alt wurde, begann auch für ihn die Kindergartenzeit. Er ging nicht gern dorthin, hatte Mühe, sich von der Mutter zu lösen. So blieb er anfangs jeweils nur morgens. Als er dann ein Jahr später den ganzen Tag im Kindergarten verbrachte, kamen auch bereits die ersten Probleme zum Vorschein. Die Kindergärtnerin konnte ihn kaum dazu bringen, einmal ruhig zu sitzen. Dauernd stellte er irgendeinen Blödsinn an. Sie musste ihn ständig tadeln, was für sie sehr unangenehm war. Es war übrigens die gleiche liebevolle Kindergärtnerin, die auch ich zuvor hatte.

Reto fing an, auf Kinder einzuschlagen und sie zu beißen. Meine Eltern wussten nicht, wie sie ihn in den Griff bekommen könnten. Sie haben folglich mit der Kindergärtnerin eine Art Belohnungssystem eingeführt, mit dem er Punkte sammeln konnte, wenn er sich gut aufgeführt hatte. So kam es einmal, dass meine Mami meinen Bruder vom Kindergarten abholte und er zu ihr sagte: „Heute war ich ganz brav, ich habe niemanden *gegessen*!“ Wir mussten alle lachen, als meine Mutter dies zu Hause erzählte. Aber seine Beißattacken gab er trotzdem nicht auf.

Nach drei Jahren im Kindergarten wurde Reto eingeschult. Sein Temperament war immer noch sehr lebhaft und ruhig sitzen konnte er auch nicht. Er hat sich durch die Schulzeit durchgeschlängelt. Grundsätzlich war er intelligent und hätte mit ein wenig mehr Fleiß gute Noten erzielen können. Aber er hatte nur das Spielen und sein Vergnügen im Kopf. Er mimte stets den Clown in der Klasse und konnte mit seinem Charme selbst die strengsten Lehrer um den Finger wickeln. Meine Mami musste ihn jeden Tag dazu zwingen, seine Aufgaben zu machen. Vielmals log er sie an und behauptete, er hätte alles erledigt, nur um möglichst schnell im Freien spielen zu können. Es war ein ständiger Kampf mit ihm. Er hielt sich auch nie an Regeln und auch nicht an die Zeit, kam immer zu spät nach Hause und bekam deswegen regelmäßig Schläge verpasst. Reto hat sich auch in verschiedenen Sportarten versucht und er hätte das Talent gehabt, so wie seine Mutter. Aber er konnte keine Niederlagen verkraften. Sobald etwas nicht so gelaufen ist, wie er es sich das vorgestellt hatte, warf er den Bettel hin. Reto hatte kein Durchhaltevermögen.

Heute wäre ein solches Verhalten ein klares Anzeichen für ein ADHS-Defizit, was bestimmt auf die schwierige Geburt zurückzuführen war, während der es mit größter Wahrscheinlichkeit zu einem Sauerstoffmangel gekommen ist. Reto war stets hyperaktiv, konnte sich nur schwer konzentrieren.

Und dann kam das schreckliche Ereignis mit dem frühen Tod unseres lieben Papis. Reto war damals 12 Jahre alt und verlor auf einmal die einzige Bezugsperson, die ihn so nahm, wie er eben war, die ihn wirklich liebte. Er sprach nie viel darüber, aber seelisch musste es für ihn sicher eine Katastrophe gewesen sein. Aber zum guten Glück musste mein Papi nicht mit ansehen, wie sein Sohn in Richtung Abgrund steuerte.

Wenn meine Mami nicht zuhause war, musste ich auf meinen Bruder aufpassen und ihr berichten, ob er pünktlich nach Hause gekommen ist. Er kam nie pünktlich. Aber ich sagte es auch nie meiner Mami, weil ich ihr Geschrei nicht mehr hören konnte.

Nach der Oberstufe trat Reto eine Lehrstelle als Verkäufer an. Der Arbeitgeber mochte seine fröhliche und aufgestellte Art sehr. Aber leider musste er mit seiner Unzuverlässigkeit kämpfen. Er kam oft zu spät, belog ihn und, was das allerschlimmste war, er entwendete Geld aus der Kasse. Nur dank viel Verständnis und Geduld seitens des Arbeitgebers konnte mein Bruder seine Lehre abschließen.

In dieser Zeit war ich bereits zuhause ausgezogen und hatte mich in der deutschen Schweiz niedergelassen. Ich fuhr aber regelmäßig nach Lugano und musste leider feststellen, dass die Beziehung zwischen meinem Bruder und meiner Mami sich nur noch verschlechterte. Sie konnten kaum noch normal miteinander kommunizieren, haben sich nur noch gestritten. Diese Situation war auch für mich sehr belastend, aber ich konnte leider nicht viel zur Verbesserung bewirken. Ich hörte meiner Mami stundenlang zu und verstand ihren Frust und Ärger, aber es war letztendlich das Problem von ihnen beiden, das es zu lösen galt. Meine Mami machte mir dann ständig den Vorwurf, dass ich nicht viel dazu sage. Sie erwartete von mir, dass ich sie voll unterstützte. Aber Reto tat mir eben auch leid. Nichts war gut an ihm, nie hatte er ein gutes Wort von seiner Mami gehört, und so konnte ich mich nicht auch noch gegen ihn stellen. Der Verlust unseres Vaters hat ihn sehr beschäftigt, und ich fühlte mich irgendwie ohnmächtig. Ich war froh, wenn ich jeweils wieder zu meinem Mann zurückkehren konnte, in ein harmonisches Nest.

Die Lage verschlechterte sich zusehends. Reto trat immer wieder neue Stellen an, verlor sie aber stets wegen seiner Unzuverlässigkeit und Unehrlichkeit. Das Verhältnis zur Mutter wurde immer angespannter, bis sie ihn letztendlich vor die Tür setzte. Sie hatte auch erfahren, dass er in den letzten Jahren Drogen konsumierte und ihr Haus zu einem Drogenumschlagplatz verkümmert war. In den Kontakt mit den Suchtmitteln kam Reto eigentlich untypisch spät, erst mit 20 Jahren. Angefangen hatte alles mit einem Drogentransport von Spanien, der ihm viel Geld einbrachte. Das Geschäft lockte ihn weiter, weil er damit viel Geld innerhalb kurzer Zeit verdienen konnte. Er wollte immer mehr und wechselte nach und nach auch seinen Freundeskreis. Die guten alten Freunde distanzierten sich zunehmend und es kamen jene aus dem Drogenmilieu dazu. Und so begann Reto letztendlich auch, selbst Drogen zu konsumieren. Die Polizei stand des Öfteren vor der Tür. Das bewog meine Mami, einen Schnitt mit ihm zu machen und den Wohnort zu wechseln. Sie, die ihr Leben lang nie mit der Justiz in Konflikt gekommen war, konnte es nicht ertragen, dass ihr Sohn ein solches Leben führte.

Das war aber nicht das Ende der Sorgen um den Sohn, sondern leider erst der Anfang. Wie man weiß, kostet der Konsum von Drogen enorm viel Geld und die Konsumenten sind ständig in Geldnot. So auch mein Bruder. Er klopfte immer wieder an der Tür meiner Mami und erfand irgendeine Geschichte, um ihr Mitleid zu erwecken und um das nötige Geld zu ergattern. Meine Mami glaubte ihm immer wieder, stets ist sie auf seine Tricks reingefallen. Sie konnte es selbst nicht wahrhaben, sie, die doch so intelligent war!

Zudem ließ Reto keine Gelegenheit aus, um etwas mitlaufen zu lassen. Sei es bei meiner Mami, in Läden, Restaurants: überall hat er etwas gestohlen.

Seinen ersten Drogenentzug vollzog mein Bruder in einer spezialisierten Institution. Nach fast einem Jahr kam Reto wieder heraus in die Gesellschaft. Die Betreuer haben für ihn eine Arbeitsstelle und eine Wohnung organisiert und alle waren voller Hoffnung, dass er nun den richtigen Weg einschlagen werde. Er war aber immer noch unbeständig und blieb nicht lange bei der einen oder anderen Arbeitsstelle. Reto beabsichtigte dann, ein eigenes CD-Geschäft mit Freunden zu eröffnen und meine Mami beschaffte das nötige Geld dazu. Wieder unterstützte sie seine Vorhaben, und wieder enttäuschte er unsere Mami: Das Geschäft wurde nie eröffnet und das Geld verschwand im Drogenkonsum. Schon bald folgte ein weiterer stationärer Entzug. Und es kamen noch etwa 20 in seinem Leben dazu.

Lange Zeit hat mir meine Mami nicht erzählt, dass sie Reto ein ums andere Mal mit Geld unterstützte, und dabei handelte es sich durchaus um größere Summen. Sie schämte sich, ständig auf ihn hereingefallen zu sein. Seine unzähligen Bußen, die offenen Mieten, die rückständigen Krankenkassenprämien und sonst alle Schulden, die er immer machte, zahlte stets meine Mami. Insgesamt „investierte“ sie einen Betrag von ca. hunderttausend Franken! Zu jener Zeit war Reto auch noch in einen größeren bandenmäßigen Drogenhandel verwickelt. Das Gericht verurteilte ihn zu drei Jahren Gefängnis, die er in einer Entzugsstation absitzen konnte. Meine Mami litt unendlich unter dieser Situation. Nur wenige Freunde waren eingeweiht, weil wir, ich auch, uns schämten, obwohl wir ja nichts dafür konnten.

Dann kam noch die grässliche Geschichte von Thailand. Reto war mit seiner damaligen Freundin in den Ferien in Phuket. Sie besuchten auch einen Freund, der dort eine Tauchschule betrieb. Nach ein paar Tagen kontaktierte dieser Freund meine Mami und sagte ihr, dass Reto in Gefängnis säße. Er hätte sich auf der Straße auffällig verhalten und wurde schließlich verhaftet. Angeblich habe Reto nackt aus einer Pfütze Wasser getrunken. Dieser Freund war zum großen Glück eine gut angesehene Person in Phuket, kannte sich dort aus und versuchte, in dieser Notsituation zu vermitteln. Er brachte Reto täglich das Essen im Gefängnis vorbei und kümmerte sich um ihn. Die Schweizer Botschaft in Bangkok wurde über diesen Vorfall informiert und wir hofften somit, rasche Hilfe ihrerseits zu bekommen. Reto verhielt sich aber weiterhin merkwürdig und so wurde er in eine psychiatrische Klinik versetzt. Man kann sich kaum vorstellen, welche Zustände in Thailands Gefängnissen und psychiatrischen Einrichtungen herrschen! Er wurde unter anderem angekettet, erhielt nur Wasser und Brot. Zum Glück brachte ihm sein Freund weiterhin täglich Nahrung und Mineralwasser. Meine Mami war völlig am Ende mit den Nerven und suchte Halt bei mir. Wir kontaktierten das Eidgenössische Departement für auswärtige Angelegenheiten, um zu erfahren, wie man Reto so schnell wie möglich aus dieser misslichen Lage herausholen konnte. Nur dank den guten Beziehungen seines Freundes zu den hiesigen Behörden kam es zu einem Happy End. Der Bekannte setzte sich für Reto bei der Schweizer Botschaft in Thailand ein. Die thailändischen Behörden entließen ihn aber nicht unverzüglich.

Und so kam es, dass nach etwa einem Monat Gefangenschaft in der Psychiatrie es Reto gelang zu fliehen. Er hatte nur das weiße Psychiatriehemd an! Reto wurde dann von seinem Freund in die Schweizer Vertretung geführt und dort untergebracht und später, begleitet von medizinischem Personal, konnte er in die Schweiz zurückgeflogen werden. Es war eine unendlich schwierige Zeit für uns. Leider mussten wir ernüchtert feststellen, dass wir seitens der Schweizer Botschaft nicht die nötige Unterstützung erhielten, nur dank seinem Freund konnte er so schnell repatriiert werden. Reto erzählte uns im Nachhinein, dass ihm jemand ein psychedelisches Mittel ins Getränk gemischt hätte. Es wurde auch vermutet, dass ein Insektenstich seinen Wahn ausgelöst haben könnte. Später stellte sich heraus, dass das der Anfang seiner psychotischen Dekompensation war. Vermutlich verursacht durch den Drogenkonsum, der in der Zwischenzeit nicht nur aus Haschisch bestand, sondern auch aus Heroin.

Als Reto aus Thailand zurückkam, wurde er in der psychiatrischen Klinik hospitalisiert. Hier bekam er die Diagnose der psychotischen Störungen und es wurde bei ihm auch das Borderline-Syndrom festgestellt. Reto stand wieder einmal vor dem Nichts und meine Mami bot ihm erneut ihre Hilfe an. Nach dem Klinikaufenthalt wohnte er bei ihr, bis er eine Wohnung fand. Meine Mami ertrug seine Anwesenheit fast nicht. Es brach ihr das Herz dabei zuzusehen, wie ihr eigener Sohn reduziert war. Er jobbte mal da, mal dort und es verging nicht lange Zeit, da war er wieder im Kreise seiner „alten“ Drogenfreunde. Und alles ging wieder von vorne los.

Zum Drogenkonsum verschärfte sich zunehmend die Problematik der psychotischen Dekompensation, verbunden mit manisch-depressiven Phasen. Es ist schwierig zu sagen, ob diese massiven psychischen Beschwerden Reto immer wieder zum Drogenkonsum verleiteten, um eine Linderung dieses unangenehmen Zustandes zu erfahren, oder ob der Heroinkonsum die psychischen Störungen ständig auslöste. Auf jeden Fall musste Reto mehrmals in der Psychiatrie interniert werden. In diesen Krankheitsperioden litt er unter Wahnvorstellungen, Verfolgungswahn und paranoiden Ängsten. Er verlor zum Teil auch den Bezug zur Realität. So kam es oft vor, dass er mich mitten in der Nacht anrief und irgendwelche Verfolgungsgeschichten, von Toten, die in seiner Wohnung lägen, und panischen Ängsten, die er durchmachte, berichtete. In diesen Momenten hatte er einen sehr aggressiven Ton, der mir durch Mark und Bein ging. Die ersten paar Mal glaubte ich seinen Erzählungen und versuchte, ihm irgendwie zu helfen. Mit der Zeit wusste ich, dass alles erfunden war und er wieder in die Klinik eingeliefert werden musste.

Reto suchte immer wieder meine Hilfe, ich konnte aber mit dem Ganzen nicht umgehen. Ich fing wieder an, unter Panikattacken zu leiden, und konnte nicht mehr richtig schlafen. Das Ganze belastete mich zu fest. Ich wusste auch nicht, wie ich mich selbst schützen konnte. So rief ich einmal bei der Telefonseelsorge „Dargebotene Hand“ an. Eine sehr nette und kompetente Frau hörte sich die Geschichte meines Bruders an und empfahl mir, dringend Abstand zu nehmen. Ich könnte meinem Bruder nicht helfen. Dazu wären nur Fachleute in der Lage.

So schrieb ich meinem Bruder, dass er mich in Ruhe lassen sollte, ich hätte die Kraft nicht, ihm beizustehen. Ich brach den Kontakt nicht gänzlich ab, wollte mich aber ein wenig distanzieren.

Ab jetzt wanderte er nur noch in der Psychiatrie ein und aus. Da Reto auch sehr viele Medikamente nehmen musste, war es für ihn nicht mehr möglich, im normalen Rahmen zu arbeiten. Er bekam eine IV-Rente. Das Geld war aber immer bereits in der ersten Woche verbraucht. Reto besuchte meine Mami regelmäßig, aber nur, weil er wieder Geld brauchte. Darunter litt meine Mami sehr. Als sie sich entschloss, ihm endgültig kein Geld mehr zu geben, rastete er völlig aus und zerbrach in seiner Wut das Glasfenster des Aufzuges. Viele Bewohner des Hauses waren durch sein Verhalten aufgebracht und bewirkten, dass die Verwaltung meiner Mami einen Drohbrief zukommen ließ, worin stand, dass sie die Wohnung verlassen müsse, wenn ihr Sohn mit seinen Belästigungen nicht aufhöre. Das brachte das Fass zum Überlaufen. Jetzt musste etwas unternommen werden. So bat mich meine Mami, einen Brief aufzusetzen, um eine Beistandschaft für Reto einrichten zu lassen. Sie hatte zuvor schon unzählige Schreiben an Behörden geschrieben und über die ernsthafte Problematik von Reto informiert, aber es wurde nie etwas unternommen. Diesmal richteten wir den Brief an die behandelnden Ärzte in der psychiatrischen Klinik. Nach der Prüfung der Sachlage kamen die Behörden zu dem Schluss, dass Reto eine vollumfängliche Beistandschaft benötigte. Er war völlig dagegen und wütend auf meine Mami. Aber sie hatte das Richtige getan. Jetzt konnte sie ein wenig aufatmen.

Der professionelle Beistand war ein alter Schulfreund von Reto. Nach anfänglichen Schwierigkeiten hatten sie ein gutes Einvernehmen und die ganze Sachlage normalisierte sich langsam. Reto musste sich nicht mehr um seine finanziellen Belange kümmern, denn mit Geld konnte er nie umgehen. Durch die Invalidenversicherung bekam er auch in einer geschützten Atmosphäre einen Halbtagsjob zugesprochen, den er sehr gern ausübte. In den letzten Jahren seines Lebens verbrachte er jeweils ein paar Monate zu Hause und arbeitete, um dann schließlich wieder ein paar Monate in der Psychiatrie interniert zu sein. Er war nun so weit sensibilisiert, dass er spürte, wenn es ihm nicht mehr so gut ging und kontaktierte selbst die psychosozialen Dienste, um sich freiwillig einweisen zu lassen. So ging es bis zu seinem Tod.

Während ich dieses Buch schrieb, ist Reto plötzlich und unerwartet an einem Herzinfarkt gestorben. Er ging einsam von dannen. Sein Freund und Beistand hatte ihn in seiner Wohnung tot aufgefunden, er war es auch, der mich an einem Montagabend anrief. Retos plötzlicher Tod hat mich zutiefst erschüttert. Er war erst 52 Jahre alt. Sein tragisches Leben hatte nun auch ein tragisches Ende gefunden. Es plagte mich auch mein Gewissen. Hatte ich zu wenig für ihn getan? Hatte ich mich zu wenig um ihn gekümmert? Ich wusste zwar, dass es für mich unmöglich gewesen wäre, irgendetwas an seiner Situation zu ändern, denn seine Krankheit war zu fest chronifiziert. Selbst die vielen Medikamente und Therapien halfen nur beschränkt. So blieb der einzige Trost für mich, dass sein großes Leiden ein Ende gefunden hatte. Es hätte für ihn wahrscheinlich nie eine Heilung gegeben. Da wir uns doch schon ein paar Monate nicht gehört und gesehen hatten und ich ihn nach seinem Tod auch nicht mehr sehen durfte, habe ich ihm folgenden Abschiedsbrief geschrieben, der mir in jenem Moment das Herz diktiert hat. Der Pfarrer hat ihn bei der Abdankung vorgelesen:

„Caro Reto, dein plötzliches Verschwinden hat mich zutiefst erschüttert. Es tut mir so leid, dass der Tod dich viel zu früh aus dem Leben gerissen hat. Ich hoffe von ganzem Herzen, dass du in Frieden ruhen kannst. Im jetzigen Moment ist mein einziger Trost, dass dein langes Leiden ein Ende gefunden hat. Ich möchte dich um Entschuldigung bitten, wenn ich dir in den letzten Jahren nicht mehr so nahe war. Vergib mir! Ich habe aber immer Verständnis für deine Situation gezeigt, habe dir nie Vorwürfe gemacht, im Wissen, dass dein Verhalten durch deine Krankheiten hervorgerufen wurde. Leider hatte ich die Kraft nicht, dich näher zu begleiten. In den Zeiten, als wir mehr Kontakt hatten, habe ich zu fest gelitten. Ich glaube, du hast dafür Verständnis gehabt, dass einer Person nahe zu stehen, die unter solchen heftigen psychischen Schwankungen leidet, nicht einfach ist. Dein Leben war von Anfang an schwierig. Bei der Geburt hast du unter Sauerstoffmangel gelitten, was vielleicht auch einen Teil deiner Leiden verursacht hat. Dann kam noch der plötzliche Tod unseres liebsten Papi, du warst erst 12 Jahre alt! Er konnte dich nehmen, wie du warst, ‚l'enfant terrible', der

mit seinen vielen Streichen uns auch viel zum Lachen brachte. Als du 17 warst, bin ich in die deutsche Schweiz gezogen, und von dort an haben wir den Kontakt ein wenig verloren. Wir sind irgendwie trotzdem verbunden geblieben und ich versuchte dir immer zu helfen, wenn ich konnte. Es war mir stets bewusst, dass du auch viele positive Seiten hattest und dass dein Leben so gelaufen war wegen den Bedingungen, in denen du aufwachsen musstest. Es kamen viele schwierige Jahre auf dich zu. Zum grossen Glück hattest du immer viele Freunde, die deine Fröhlichkeit und deine Grosszügigkeit schätzten. Leider wurden deine starken Depressionen und die psychischen Störungen immer häufiger und heftiger. Mein herzlicher Dank geht daher an alle Institutionen und das pflegende Personal, die dich über die Jahre mit viel Liebe betreut haben. Es gab da noch eine spezielle Person, die dich nie im Stich gelassen hat. Während vielen Jahren hat er dich wunderbar begleitet. Von Herzen ein tiefes Dankeschön an deinen Freund und Beistand Loris Dagani für alles, was er für dich gemacht hat. Lieber Reto, ich hoffe du kannst in Frieden ruhen, und musst nicht mehr leiden! Eine feste Umarmung, Addio, deine Schwester Regula.“

Zwei Monate nach seinem Tod, im Juni 2017, konnte ich wenigstens noch Retos letzten Wunsch erfüllen. Er wollte auch auf dem Friedhof San Giorgio in Borgonovo/Stampa seine letzte Ruhe finden, auf demselben Friedhof, auf dem meine Mutter vier Jahre zuvor beigesetzt wurde und auf dem auch mein lieber Vater ruht. Es ist ein wunderschöner Friedhof in einer bezaubernden Landschaft, umringt von den eindrücklichen Bergen des Bergell. Auf diesem Friedhof ruhen viele berühmte, aus der Gegend stammende Persönlichkeiten, so auch alle Künstler der Familie Giacometti: Alberto, Diego, Giovanni und Augusto Giacometti. Auch der bekannte Staatsrechtsprofessor Zaccaria Giacometti hat hier seine letzte Ruhestätte gefunden. Die kleine und schlichte evangelische Kirche auf dem Friedhof wurde von Augusto Giacometti 1935 mit einem farbenprächtigen Glasbogenfenster verschönert, das er seinen Eltern gewidmet hat.

Mit großer Wahrscheinlichkeit weiß ich nicht alles über das Leben meines Bruders. Wahrscheinlich kenne ich sogar nur einen kleinen Teil.

Erstaunlich an unseren Lebensgeschichten ist, dass es meistens eher die Adoptivkinder sind, die mehr Schwierigkeiten bereiten als die leiblichen Kinder. Bei uns war es genau das Gegenteil. Unser Beispiel soll eine Aufmunterung für alle Adoptiveltern sein. Vielleicht war es für mich auch ein Segen, dass sich die ganze Aufmerksamkeit auf meinen verhaltensauffälligen Bruder richtete. So konnte ich meinen Weg gehen und mich freier entfalten.

„Es gibt unzählige Pflege- und Adoptivkinder, die ganz normal aufwachsen und sich in nichts in ihrem Verhalten von leiblichen Kindern unterscheiden. Andere Pflege- und Adoptivkinder zeigen wenig

Folgen, vielleicht nur ganz versteckte und unproblematische. Viele sind tatkräftige und erfolgreiche Menschen geworden, von einer Anstrengungsverweigerung keine Spur.“ (Bonus, 2008)

Die Geburt meines Sohnes: Eine Suche nach den Wurzeln nimmt ihren Lauf

Die Geburt meines Sohnes André war für mich das tiefgreifendste Erlebnis meines Lebens. Jede Mutter würde dies so ausdrücken. Für mich hatte es noch eine andere, ganz besondere Bedeutung: André war nun mein erster Blutverwandter, den ich in den Händen halten konnte! Es war für mich überwältigend, feststellen zu können, dass er im Aussehen mir ähnlich war. Später konnte ich in ihm noch viele weitere Eigenschaften entdecken, welche er wohl von mir haben musste.

Es ist anscheinend typisch, dass die Suche nach den eigenen Wurzeln durch einen biografischen Wendepunkt ausgelöst wird. Die Themen Identität und Kontinuität des eigenen Lebenslaufs erlangen in Umbruchphasen an Bedeutung. Als Kind verlor ich nie viele Gedanken an meine leibliche Mutter. Ich erinnere mich nur, dass ich ab und zu phantasierte, ob ich, wenn meine leibliche Mutter plötzlich um die Ecke käme, sie erkennen würde. Oder zumindest instinktiv spüren würde, dass sie meine biologische Mutter ist.

Mein Mann und ich mussten uns einige Zeit gedulden, da es mit einer Schwangerschaft nicht auf Anhieb klappte.

Auch das war keine einfache Zeit, hatten wir doch den tiefen Wunsch, die Familie mit Kindern zu vervollständigen. Es folgten verschiedene Tests und Untersuchungen, doch der genaue Grund, weshalb es nicht klappte, stand in den Sternen. In dieser Zeit machten wir uns viele Gedanken, wie wir mit der Situation zurechtkommen würden, falls für uns kein Nachwuchs vorgesehen wäre. Wir waren einer Meinung: Für uns würde keine künstliche Maßnahme infrage kommen. Das Thema Adoption haben wir selbstverständlich auch besprochen. Auch zu dieser Frage hatten wir dieselbe Einstellung: Das Aufnehmen eines fremden Kindes wollten wir nicht.

Sicher fragen sich jetzt einige Leser, weshalb eine Adoption für mich nicht infrage gekommen ist, da ich selbst adoptiert worden bin und doch sicher viel Verständnis für die besondere Situation eines adoptierten Kindes hätte. Ich kann nicht genau erklären, weshalb ich niemals ein fremdes Kind annehmen hätte können. Vielleicht liegt es daran, weil mir ganz bewusst klar war, dass es sich um eine große und herausfordernde Aufgabe handeln würde, die alles von einem abverlangt. Insbesondere weil ein adoptiertes Kind viel mehr Aufopferung seitens der Eltern braucht, im Gegensatz zur Beziehung zu einem leiblichen Kind. Ich hatte das Gefühl, ich wäre der Herausforderung nicht gewachsen gewesen. Zudem wusste ich viel zu genau, was es bedeutet, sich als adoptiertes Kind zurechtfinden zu müssen.

Doch welch ein Wunder! Nachdem wir uns mit der Kinderlosigkeit bereits mehr oder weniger abgefunden hatten, erblickte mein lieber André das Licht der Welt. Wir wünschten uns später sehnlichst noch ein zweites Kind und hätten André gern ein Geschwisterchen geschenkt. Doch die Natur hat es anders vorgesehen. Ich erlitt eine geplatzte Eileiterschwangerschaft und war froh, dass ich sie überlebt habe. Der Arzt erklärte mir, dass mein Bauchraum voller Verwachsungen sei, und falls ich nicht innerhalb eines Jahres schwanger würde, könnte ich es gleich ganz vergessen. Und so war es auch. Umso mehr schätzten wir, dass wir doch ein eigenes Kind haben konnten, welches eine große Bereicherung für uns war.

Jahre später sagte er uns wiederholt, dass er doch froh sei, als Einzelkind aufgewachsen zu sein, auch wenn er sich als kleines Kind manchmal ein Geschwisterchen gewünscht hatte. Als André 11 Jahre alt war, drängte er – wie so oft Kinder in diesem Alter –, dass er einen Hund haben möchte. Da ich selber in meiner Kindheit diesen Wunsch gehabt hatte und mir das immer verwehrt blieb, haben wir uns dann für einen jungen Golden Retriever entschieden. So besuchten wir – für alle Familienmitglieder war es das erste Mal – eine Schar Golden-Retriever-Welpen beim Wilhof in Birrrwil. Wir als Eltern wollten vorerst noch eine kurze Bedenkzeit, denn wir hegten auch Zweifel, ob wir es wirklich meistern würden, den Haushalt auch noch mit einem Hund zu teilen. Doch André ließ nicht mehr locker: „Wenn ich schon keine Geschwister bekomme, dann wenigstens einen Hund!“, sagte er oft zu uns. Wir erklärten ihm, dass dies eine große Aufgabe sei, die über Jahre dauern würde. Man müsse immer für den Hund da sein. Der Garten müsse noch mit einem Zaun versehen werden und während der Ferien bräuchten wir einen Betreuungsplatz. Das alles war für ihn machbar. Er schrieb kurzerhand einen kleinen Vertrag, worin er festhielt, dass er für die Kosten des Ferienheims aufkommen und mit dem Hund täglich spazieren werde. Mit dem Einhalten dieses Vertrages nahm er es dann allerdings nicht so genau. Das war auch nicht weiter schlimm, denn auch für uns waren die tollen Spaziergänge in der Natur mit unserer Sheila eine große Freude.

Das Abenteuer Hund nahm nun seinen Lauf und wird durften viele gemeinsame Stunden und Erlebnisse miteinander teilen. Es war eine Entscheidung, die wir bis heute nicht bereut haben, und die für unseren Sohn in seinem Leben sicher eine große Bereicherung war. Sheila begleitete uns knapp 15 Jahre lang.

Doch zurück zu André: Die Geburt meines Sohnes löste die Suche nach meinen Wurzeln aus. Früher, als Kind oder als Jugendliche, hatte ich nie das Bedürfnis gespürt, nach meinen leiblichen Eltern zu suchen. Ich wollte nicht noch zusätzliche Eltern. Zudem hätte mich gegenüber meinen Adoptiveltern das schlechte Gewissen geplagt. Es wäre mir so vorgekommen, als würde ich sie betrügen, als ob ich ein Tabu brechen würde. Doch dann, als ich selbst Mutter wurde, wollte ich mehr über meine Vorfahren, meine Blutsverwandten und über meine Wurzeln erfahren. Wir konnten unserem André über die Anlagen und Besonderheiten der Familie seines Vaters einiges erzählen, aber was ich mit mir trug, das war bis dahin ein Geheimnis. So fühlte ich mich auch meinem Sohn gegenüber verantwortlich, mehr zu erfahren. Es war für mich wichtig zu wissen, ob es zum Beispiel Erbkrankheiten in meiner Ursprungsfamilie gibt. Zudem interessierte mich, was für spezielle

Fähigkeiten oder Talente meine leiblichen Eltern besaßen, die sie vielleicht im Beruf oder in der Freizeit ausübten. Ich wollte, dass André mehr darüber erfährt, was in seinen Genen noch alles stecken könnte.

So war es nämlich, dass gleich nach der Geburt die Großmutter väterlicherseits bei André die gleichen Ohrläppchen wie bei seinem Großvater feststellen konnte. Sie ist fast ausgeflippt vor Freude und Stolz darüber. Doch was besaß unser Sohn von der Großmutter oder dem Großvater meinerseits? Das lag alles im Dunkeln.

André konnte sich in uns Eltern, in seinen Großeltern väterlicherseits und in anderen Verwandten widerspiegeln, gewisse Ähnlichkeiten feststellen und sich damit über die Familie definieren. Durch seine Familie weiß ein Kind wie von selbst, wer es ist, bekommt seine Besonderheit, seine Unverwechselbarkeit, seine Identität. Das Wort Identität kommt aus dem Lateinischen von *Idem* und bedeutet „derselbe". Demnach bin ich ein neu zusammengesetzter Teil meiner Eltern. Eine zweite Bedeutung des Wortes Identität stammt von *Identifikation*. Es bedeutet wiedererkennen, aber auch übereinstimmen, sich in seiner Familie wiedererkennen. All das konnte ich selbst nicht. Ich konnte mich nicht mit meiner Adoptivfamilie identifizieren. Bei Familienfesten wurde mir das immer wieder bewusst: Da kommen alle zusammen, weil sie miteinander verwandt sind. Ich wurde zwar von der ganzen Verwandtschaft liebevoll akzeptiert und fühlte mich eigentlich auch als Teil der Familie, doch konnte ich mich in niemandem widerspiegeln. In diesen Momenten fühlt man sich als Adoptivkind etwas einsam. Der Schmerz, von den leiblichen Eltern getrennt worden zu sein, wird einem dadurch immer wieder bewusst. Man wird daran erinnert, dass man verstoßen wurde. Die Familie, die eigene Mutter, wollte einen nicht. Man war – aus welchen Gründen auch immer – unerwünscht, ohne zu wissen, warum. Gefühle von Einsamkeit und einer nicht vorhandenen Dazugehörigkeit prägen einen. Die Kränkung, von den eigenen Eltern weggegeben worden zu sein, hinterlässt, auch wenn es meist nicht wahrgenommen oder bewusst gefühlt wird, ein geschwächtes Selbstwertgefühl. Diese immer wiederkehrenden Gefühle verursachen eine Verletzbarkeit, die bei späteren Verlusten oder Enttäuschungen im Leben wieder auftaucht und eine höhere Sensibilität gegenüber Zurückweisungen und dem Verlassenwerden mit sich bringt. Eine latente Angst, nicht geliebt oder anerkannt zu werden, begleitet Adoptivkinder in der Regel. Diese Prozesse können sehr subtil ablaufen.

Wer bin ich? Woher komme ich? Warum wurde ich weggegeben? Diese Fragen erfordern eine Antwort. Meine Suche nach den Wurzeln orientierte sich deshalb primär darauf, die fehlenden Puzzleteile meiner Biografie zu finden. Ich wollte wissen, wer meine leibliche Mutter ist, wie sie aussieht und eine Verbindung zu einem vergessenen Kapitel meiner Vergangenheit herstellen. Ich wollte die verlorenen Eltern wiederfinden und so die fehlende Kontinuität in meinem Leben wiederherstellen. Mehr wollte ich nicht, denn ich hatte schließlich eine Familie, in der ich mich gut aufgehoben und akzeptiert fühlte. Ich suchte nicht nach Liebe und Geborgenheit, nicht nach der verlorenen Eltern-Kind-Beziehung. Da war ich sehr realistisch. Es war mir auch bewusst, dass die Suche nach den unbekannten leiblichen Eltern ebenso ein gewisses Risiko bergen könnte.

Als ich mich vor 30 Jahren auf die Suche machte, war das noch ein sehr schwieriges Unterfangen, weil noch viel dem Amtsgeheimnis unterstand. Erst das neue Gesetz von 2003 ermöglichte es den Adoptierten überhaupt, mehr über ihre Abstammung zu erfahren. Ich bin immer noch nicht am Ende meiner Recherchen, kenne bisher lediglich einen Teil meiner Akten und habe weiterhin offene Fragen.

Wie auch ich, haben heutzutage die meisten Adoptivkinder gewisse Grundinformationen über ihre Herkunftseltern. Sie wissen vielleicht, wie die Mutter und der Vater heißen und besitzen sogar Fotos der Herkunftsfamilie. Viel schwieriger ist die Situation für Findelkinder oder für Kinder, die in eine Babyklappe gelegt wurden. Sie haben überhaupt keine Chance, ihre Eltern über eine Akteneinsicht je ausfindig zu machen. Kinder, die anonym geboren wurden, so weiß man aus Studien, fühlen sich besonders stark seelisch verletzt und entwertet. Dieses Schicksal lässt sie oft ein Leben lang nicht mehr los.

Neu ist die „vertrauliche Geburt“, die gewisse Spitäler in der Schweiz anbieten. Die Mutter ist dabei geschützt und kann während der Geburt eine gute medizinische Versorgung in Anspruch nehmen, ohne ihre Identität dabei direkt preiszugeben. Trotzdem gibt sie dem Kind die Möglichkeit, später auf die Daten seiner Herkunft zurückzugreifen, indem sie ihre Personalien in einem geschlossenen Umschlag hinterlässt. Dieser wird bei der KESB aufbewahrt. Das ist immerhin eine positive Entwicklung.

Doch die neue Entwicklung hat auch ihre Schattenseiten. Meiner Meinung nach sollte man sich auch ein paar Gedanken über all die Kinder machen, die heute künstlich erzeugt werden und deren Schicksal es sein wird, ohne genetische Eltern aufzuwachsen. Von Jahr zu Jahr gibt es mehr unfruchtbare Paare, die sich ihren Kinderwunsch mit einer Ei-Spende oder einer Leihmutter erfüllen. Ob sie dabei bedenken, dass ihr Kind niemals erfahren wird, wer seine echten Blutsverwandten sind? Selbst wenn versucht wird, das Ganze geheim zu halten: irgendjemand wird es dem Kind früher oder später ganz bestimmt einmal erzählen oder es kommt bei einer Operation heraus, weil die Blutgruppen nicht übereinstimmen. Vielleicht merkt es das Kind von selbst, wenn sein Aussehen oder seine Charakterzüge so ganz anders sind als die vom Rest der Familie. Vor allem dann, wenn es sich unverstanden fühlt. Es ist ein Grundbedürfnis eines jeden Menschen, über seine Herkunft und über seine Wurzeln mehr zu erfahren, um sich damit identifizieren zu können.

Die „Allmächtige" von Rapperswil und meine Akte

Es handelte sich im Grunde genommen um einen Zufall, dass ich eines Tages bei der Institution „Schweizerische Private Mütterberatung und Adoptivkinder-Vermittlung" (nachher „Vermittlungsstelle") in Rapperswil vorbeischaute. Wir hatten damals mit unserem kleinen Sohn einen Ausflug in den Kinderzoo von Rapperswil gemacht und ich sagte so nebenbei zu meinem Mann: „Weißt du, es war eigentlich hier, wo über mein Schicksal entschieden worden ist und ich meiner Adoptivmutter übergeben wurde." Da sich mein Mann schon von Berufs wegen für alles interessierte – schließlich war er damals Polizist –, wollte auch er mehr über meine Herkunft erfahren und schlug mir vor, einfach mal zu schauen, wo sich diese Adoptionsvermittlungsstelle befindet. Es war am späteren Nachmittag, als wir vor der Eingangstür dieser Einrichtung standen. Mein Mann ließ nicht locker und meinte: „Wenn wir schon mal hier sind, dann gehen wir doch mal fragen, wie es so ist mit Informationen über deine Adoption." Ich war damals etwas unsicher, ob ich das wirklich jetzt schon erfahren wollte, ließ mich aber schließlich von meinem Mann überreden. Wir klingelten. Eine ältere Frau öffnete uns die Tür. Sie war über unseren unangemeldeten und späten Besuch nicht sehr erfreut, erklärte sich aber bereit, mir mein Dossier kurz zur Ansicht vorzulegen. Es war nur ein schmales Dossier und enthielt sicher nicht alle Akten. Was ich bei diesem kurzen Blick in das Dossier erfuhr, war, dass ich noch drei Halbgeschwister habe, die aber von einen anderen Vater stammen. Ich war auch sehr berührt davon zu lesen, dass meine leibliche Mutter meine Weggabe vorerst widerrief, nachdem sie mich nach der Geburt zu sehen bekam.

Ich wollte wissen, wer mein leiblicher Vater war, aber dazu stand nichts in den Akten. Meine leibliche Mutter wollte nicht, dass sein Name bekannt gegeben würde, weil er zum Zeitpunkt meiner Zeugung schon verheiratet gewesen ist. Die Sozialarbeiterin blieb die ganze Zeit in unserer Nähe und ermahnte uns zudem, auf keinen Fall eine Suche und eine eventuelle Begegnung mit der leiblichen Mutter in eigener Regie zu unternehmen. Sie kenne Fälle, bei denen solche Kontaktaufnahmen zu einer Katastrophe in Form von Selbstmorden geführt hätten. Wir sollten auf jeden Fall das Ganze sehr subtil und taktvoll angehen. Sie würde sich dabei als Vermittlerin und kompetente Fachfrau zur Verfügung stellen. Die aktuelle Wohnsitzadresse meiner leiblichen Mutter müssten wir jedoch selbst ausfindig machen, sofern wir das möchten. Dazu sei erwähnt, dass zu jener Zeit, also im Jahre 1988, die Adoptionsakten noch streng vertraulich waren und auch noch keine Auskunftspflicht seitens der Behörden bestand.

Wir blieben nicht lange in diesem Amt, da wir merkten, dass unser Hineinplatzen nicht sehr gut angekommen war. Ich war aber sehr aufgewühlt, hatte ich doch zum ersten

Mal einen Teil meiner Akten in der Hand gehalten. Ein Dossier, welches die Geschichte meiner ersten Lebenswochen enthielt, die ein Teil der Beweggründe meiner Adoption erklärten, in dem Angaben über meine leibliche Mutter und ihre Familie standen, also auch einen Teil meines Selbst einschloss. Gleichzeitig erfasste mich das schlechte Gewissen, da ich doch etwas angetastet hatte, das vielleicht geheim bleiben sollte. Ich fühlte mich wie eine Verräterin gegenüber meiner Mami, obwohl sie stets beteuert hatte, dass sie nichts dagegen hätte, wenn ich einmal mehr über meine Herkunft wissen und meine leibliche Mutter treffen möchte.

So tat ich nun den ersten Schritt und war mir aber immer noch nicht sicher, ob ich wirklich meine leibliche Mutter kennen lernen wollte. Die treibende Kraft war mein Mann. Er setzte die Recherchen fort und fand bald heraus, wo meine leibliche Mutter wohnte. Sie lebte noch! Meine Gefühle fuhren Achterbahn. Die Neugier war zwar groß, aber auch die Angst vor dem Ungewissen.

Just zu dieser Zeit suchte ich einen Psychologen auf, um Hilfe und Ratschläge zu erhalten, wie ich mit den Depressionen meiner Mami umgehen sollte. Es war eine sehr schwierige Zeit und ich fühlte mich hilflos. Meine Mami litt unter sehr starken Gemütsschwankungen und schluckte Unmengen von Pillen, die nur bedingt die Symptome bekämpften. Sie war verzweifelt und suizidgefährdet. Ich wohnte mit meiner Familie rund 250 Kilometer von ihr entfernt, was die Sache auch nicht einfacher machte. Vom Psychologen erhielt ich allerdings gar keine hilfreichen Ratschläge. Das einzige, woran ich mich erinnern kann, ist, dass er mich fragte, weshalb ich mir eigentlich so viele Sorgen mache. Schließlich sei sie ja gar nicht meine richtige Mutter. Das hat mich schockiert! Dann fragte er mich weiter, ob ich nicht wissen möchte, wer meine leiblichen Eltern seien. Es sei wichtig zu wissen, woher man abstammt. Um das Ganze zu untermauern, hat er mir einige Beispiele von Adoptierten erzählt, die er persönlich kannte, die sich auf die Suche nach der Herkunft begeben haben. Nicht ganz ohne Risiko sei diese Recherche, betonte er. Einige fielen in ein seelisches Loch und hatten Mühe, mit dem Erfahrenen umzugehen. So hätte zum Beispiel ein Adoptierter herausgefunden, dass seine Mutter eine Prostituierte sei und immer noch im Bordell lebe. Ein anderer hätte einen Alkoholiker als Vater ausfindig machen können.

Ich hätte wahrscheinlich zu diesem Zeitpunkt das Wühlen in der Vergangenheit aufgegeben, wenn nicht mein Mann immer wieder dieses Thema aufgegriffen hätte. Zu jenem Zeitpunkt hatte ich keine Vorstellung, was alles auf mich zukommen würde. Meiner Mami wollte ich über mein Vorhaben nichts erzählen, da sie psychisch so labil war und ich keine Verschlechterung ihrer psychischen Verfassung in Kauf nehmen mochte.

Wir hatten also die Adresse meiner leiblichen Mutter. Somit verblieb nur noch, diese Adresse der Sozialarbeiterin der Adoptionsvermittlungsstelle in Rapperswil zu übermitteln. Ich hätte mir nie getraut, mit meiner leiblichen Mutter selbst Kontakt aufzunehmen, nachdem mir die Sozialarbeiterin mit all den möglichen Szenarien solche Angst eingejagt hatte. Zudem fand ich die Idee gut, dass eine Person als Vermittlerin dazwischengeschaltet ist. Nach langem Zögern rief ich die Adoptionsvermittlungsstelle an und gab der Sozialarbeiterin den aktuellen Wohnort meiner leiblichen Mutter bekannt. Ich bat sie eingehend, meiner leiblichen Mutter auf keinen Fall meine Identität und meine Adresse preiszugeben, mit dem Hinweis, dass, wenn sie mir dies nicht versprechen könne, ich die Suche einstellen würde. Anonym zu bleiben, war für mich das absolut Wichtigste! Ich hatte enorme Angst, mir eventuell noch mehr Probleme und Belastungen aufzuhalsen, als ich bereits schon hatte. Vielleicht würde meine leibliche Mutter mich ständig belästigen. Ich wusste ja nicht, wer sie war, wie sie lebte, was sie machte und wie ihre Verhältnisse waren. Ehrlich gesagt hatte ich schon ein ausreichend schweres Kreuz mit meiner Adoptionsfamilie zu tragen.

Die Sozialarbeiterin hat mir zugesichert, nur meine leibliche Mutter zu kontaktieren, um zu erfahren, ob sie überhaupt an einer Begegnung mit mir interessiert sei. Ich hatte volles Vertrauen und wartete gespannt auf ihre Nachricht.

Aber es kam alles anders. Ein paar Wochen später fand ich im Briefkasten einen Brief – von meiner leiblichen Mutter! Den Absender hatte sie auf das Couvert geschrieben. Dass ich nicht gleich in Ohnmacht fiel, war ein Wunder. Ich war fassungslos! Mein Herz raste und die Hände zitterten, als ich mich entschloss, endlich den Brief zu öffnen. Ich konnte es kaum fassen, dass die Sozialarbeiterin von Rapperswil meine Adresse bekannt gegeben hatte, entgegen aller Absprachen und ohne mich vorher zu fragen. Ich war schockiert, erschüttert und verzweifelt. Mein

Wohl war ihr offensichtlich nichts wert. Sie hatte mir verboten, eigenständig etwas zu unternehmen, das würde eh nur schief gehen. Doch was hat sie angerichtet? Ich konnte das Ganze nicht mehr rückgängig machen, es war geschehen. Meine Mutter wusste, wo ich wohnte, und könnte jederzeit an meiner Tür klingeln. Dieser Vorfall widerspiegelt ganz klar die damalige Einstellung gegenüber Adoptierten, nämlich, dass diese kein Mitbestimmungsrecht hatten.

Als ich mich dann ein wenig fassen konnte, las ich den Brief. Darin stand folgendes:

„Liebe Regula! Am 27. Januar 1989 war ich bei der Frau in Rapperswil und habe Deine Adresse erfahren. Natürlich würde ich mich sehr freuen, Dich und Deine Familie kennen zu lernen. In mehr als 30 Jahren ist viel passiert und ich habe auch jetzt noch viele Sorgen. Wenn es Dir Freude macht, würde ich Dich und Deine Familie gern besuchen. Am 5. und 19. Februar habe ich einen freien Sonntag. Alle 2 Wochen kommt mein Sohn nach Hause, er ist psychisch krank. Alles weitere mündlich, ich erwarte gerne ein paar Zeilen. Ganz herzliche Grüsse an Dich und Deine Familie. B."

Auch jetzt noch viele Sorgen? Super! Dazu gesellte sich noch ein Sohn, der psychisch krank ist. Genau das fehlte mir noch in der „Wurmbüchse". Ich fragte mich: Habe ich nicht schon genug psychisch Gestörte in meiner Adoptivfamilie?

Nun war die Ausgangslage ganz anders, als ich sie mir vorgestellt hatte. Ich, die so zurückhaltend mit der ganzen Recherche war, war nun bloßgestellt. Die Sozialarbeiterin hatte mein Vertrauen völlig missbraucht.

Ich konnte und wollte die Angelegenheit nicht auf mir sitzen lassen. So schrieb ich der Sozialarbeiterin von Rapperswil einen Brief, in dem ich meine riesige Enttäuschung über ihr Vorgehen äußerte. Eine Kopie ließ ich ebenfalls an die Präsidentin der „Schweizerische Private Mütterberatung und Adoptivkinder-Vermittlung“ zukommen. Die Präsidentin rief mich kurz darauf höchstpersönlich an und entschuldigte sich in aller Form für das Vorgefallene. Es war ein sehr konstruktives Gespräch und sie beteuerte mir, dass meine Adresse nicht ohne mein Einverständnis an die leibliche Mutter hätte bekannt gegeben werden dürfen. In ihr fand ich eine sehr nette und kompetente Fachfrau.

Als ich knapp dreißig Jahre später erneut mein Dossier in den Händen hielt, hatte ich die Gelegenheit, Einsicht in alle meine Akten zu nehmen. Das Dossier war vollständig und ich konnte es ohne Überwachung studieren, mir sogar die Unterlagen kopieren. Ich hätte mir nie vorstellen können, dass ich diese einmal für ein Buch benutzen würde! Die Zeiten, in denen die Geheimniskrämerei gegenüber den Adoptierten Vorrang hatten, haben sich offenbar massiv geändert. Es wurden zwischenzeitlich die Gesetze geändert oder neu eingeführt, gestützt auf die Haager Konvention, die über das Recht, die eigene Herkunft zu erfahren, regelt. In meinem Dossier fand ich schließlich, quasi als letzten Eintrag, eine Aktennotiz der Sozialarbeiterin von

Rapperswil, die protokolliert hatte, dass ich einen recht bösen Brief geschrieben hatte mit einer Kopie an ihre Präsidentin, und dass sie zu vertrauensselig mir gegenüber gewesen wäre. Ich dachte, ich lese nicht richtig. Sie beschreibt sich als zu vertrauensselig? Ich hatte wohl zu viel Vertrauen in sie, denn sie war es schließlich, die mein Vertrauen missbraucht hatte. Die Wut über diese Uneinsichtigkeit kam ein zweites Mal hoch, legte sich aber gleich wieder, da nun doch schon viel Gras darüber gewachsen war und ich in der Zwischenzeit zwei nette Begegnungen mit meiner leiblichen Mutter hatte und sich herausstellte, dass meine Angst umsonst war.

Eine Anmerkung ist mir hier wichtig: Bei allen Behörden und Ämtern, die ich später kontaktierte, traf ich auf sehr zuvorkommende und hilfsbereite Personen.

Die rechtlichen Voraussetzungen/Grundlagen für die Zeit meiner Suche nach den leiblichen Eltern

> Die Suche nach den leiblichen Eltern gestaltete sich früher weitaus komplizierter als heute. Als ich 1989 mit der Suche nach meinen Wurzeln begann, waren die Behörden und Fachstellen sehr zurückhaltend mit der Herausgabe von Informationen. Damals bestand noch das volle Adoptionsgeheimnis. Das Gesetz besagte, dass das bisherige Kindesverhältnis zu seinen leib-

lichen Eltern mit der Adoption erlischt, und es bestand kein Rechtsanspruch auf die Bekanntgabe der Personalien der leiblichen Eltern. Bei einer Suchanfrage seitens eines Adoptierten wurde die Vormundschaftsbehörde angewiesen, zuerst die leiblichen Eltern zu kontaktieren, ob ihre Anschrift bekannt gegeben werden dürfe. Verneinten sie dies, wurde die Akteneinsicht verweigert. Man musste eigenständig die Namen und Adresse der leiblichen Eltern ausfindig machen. Erst ab dem Jahre 2003 wurde das Gesetz geändert und die Adoptierten haben seitdem einen gesetzlichen Anspruch darauf, Informationen über ihre Abstammung zu erhalten. Minderjährige erhalten den Zugang zu ihren Akten nur in Ausnahmefällen.

Auch eine Tatsache ist, dass sich heute viel mehr Adoptierte auf die Suche nach ihrer Herkunft machen als früher. Eine Studie besagt, dass 90 Prozent der Suchenden weiblich sind. Männliche Adoptierte bleiben in der Regel passiv und lassen gern ihre Frau oder Freundin suchen. Warum sich Männer so anders verhalten, könnte damit zu tun haben, dass sich Frauen wegen ihrer eigenen Schwangerschaft und Gebärerfahrung viel intensiver mit dem Thema Familie, Geburt und familiärer Herkunft auseinandersetzen als Männer. Daher ist ihnen die Suche viel zentraler. Es wurde auch festgestellt, dass Männer im Allgemeinen durch die

Tatsache des Fortgegebenseins viel stärker gekränkt fühlen als Frauen. Sie würden den Müttern diesen Schritt seltener verzeihen können.

Gesetzliche Grundlagen

Umsetzung von Art. 268 c ZGB betreffend des Rechts des Adoptivkindes auf Kenntnis der Personalien seiner leiblichen Eltern

Das Haager Übereinkommen vom 29. Mai 1993 über den Schutz von Kindern und die Zusammenarbeit auf dem Gebiet der internationalen Adoption (HAÜ) ist von der Schweiz **2003** in Kraft gesetzt worden. Gleichzeitig mit der Einführung des Ausführungsgesetzes zu diesem Übereinkommen haben die Eidgenössischen Räte eine Ergänzung des Schweizerischen Zivilgesetzbuches (ZGB, SR 210) mit Artikel 268 c beschlossen, welcher den Zugang der adoptierten Personen zu den Personalien der leiblichen Eltern regelt. Eine adoptierte Person kann gemäß Art. 268 c Abs. 1 ZGB jederzeit Auskunft über die Personalien ihrer leiblichen Eltern verlangen, sobald sie das 18. Lebensjahr vollendet hat. Vorher kann sie Auskunft anfordern, wenn ein schutzwürdiges Interesse besteht.

Rechtliche Voraussetzungen

Art. 268 c Abs. 2 ZGB hält fest: „Bevor die Behörde oder Stelle, welche über die gewünschten Angaben verfügt, Auskunft erteilt, informiert sie wenn möglich die leiblichen Eltern. Lehnen diese den persönlichen Kontakt ab, so ist das Kind darüber zu informieren und auf die Persönlichkeitsrechte der leiblichen Eltern aufmerksam zu machen."

Art. 268 c Abs. 3 ZGB definiert: „Die Kantone bezeichnen eine geeignete Stelle, welche das Kind auf Wunsch beratend unterstützt."

Die Herkunftssuche für adoptierte Kinder ist in der Schweiz gesetzlich vorgesehen, aber sie ist nicht immer zufriedenstellend gelöst. So stehen rechtliche Voraussetzungen und bürokratische Hürden den persönlichen Bedürfnissen gegenüber und können gar unvereinbar sein. Die Revision des Adoptionsrechts ist am Laufen und das Adoptionsgeheimnis soll gelockert werden. Früher oder später wird ein jedes Adoptivkind mit Fragen konfrontiert. Woher komme ich? Warum haben mich meine leiblichen Eltern weggegeben oder habe ich leibliche Geschwister? (sozialinfo.ch)

Adoptionsgeheimnis

Das Gesetz hält Möglichkeiten und Grenzen der Herkunftssuche für adoptierte Kinder fest. Wie steht es um die Rechte der biologischen Eltern und wie unantastbar soll das Adoptionsgeheimnis bleiben? Nach **Art. 268 b ZGB** darf den bisherigen Eltern die Identität der Adoptiveltern ohne deren Zustimmung nicht bekannt gegeben werden. Sie haben aber Anspruch darauf zu wissen, ob und wann ihr Kind adoptiert wurde. Die Adoptiveltern ihrerseits sind verpflichtet, das Kind über die Adoption zu informieren. Das Adoptionsrecht untersteht einem konstanten Wandel. Im Jahr 2013 schickte der Bundesrat die Revision des Adoptionsrechts in die Vernehmlassung. In der Medienmitteilung stand geschrieben: „Weiter soll das Adoptionsgeheimnis für leibliche Eltern, die Informationen über das zur Adoption freigegebene Kind erhalten möchten oder dieses Kind suchen, gelockert werden. Die Personalien des adoptierten Kindes sollen künftig den leiblichen Eltern bekannt gegeben werden dürfen, sofern das volljährige Kind der Bekanntgabe zustimmt. Demgegenüber steht dem adoptierten Kind heute schon ein absoluter Anspruch auf Kenntnis seiner Abstammung zu, ohne dass die leiblichen Eltern der Bekanntgabe der Informationen vorgängig zustimmen müssen. Wenn der Kontakt zu der

> gesuchten Person – den leiblichen Eltern oder dem einst zur Adoption freigegebenen Kind – nicht einfach hergestellt werden kann, können spezialisierte Personensuchdienste damit beauftragt werden."
>
> In der Einleitung zum Bericht zur Änderung des Zivilgesetzbuches steht: „[…] So sollen die leiblichen Eltern Auskunft über die Identität des volljährigen Kindes erhalten, sofern dieses zugestimmt hat. Schliesslich soll ihnen unabhängig vom Alter des Kindes und auch ohne dessen Zustimmung ein Anspruch auf Kenntnisgabe nichtidentifizierender Informationen über das Adoptionsverhältnis eingeräumt werden, sofern dadurch die Interessen des Kindes nicht verletzt werden. Der gleiche Anspruch soll umgekehrt auch dem minderjährigen Kind im Hinblick auf seine leiblichen Eltern eingeräumt werden."
> (sozialinfo.ch)

Das Adoptionsrecht untersteht einem ständigen Wandel. Eine Revision von 2016 ist aktuell in Bearbeitung und wird wahrscheinlich im Jahre 2018 in Kraft gesetzt. Diese sieht auch die Stiefkind-Adoption vor und gibt gleichgeschlechtlichen Paaren die Möglichkeit, ihre Familie rechtlich abzusichern.

Die Begegnung mit meiner leiblichen Mutter

Es liegen schon fast 30 Jahre zurück, als ich meine leibliche Mutter zum ersten Mal in meinem Leben sah. Es war keine Begegnung à la „Happy Day". Es war auch keine romantische Begegnung, wie man sie immer wieder in Romanen oder Filmen vorfindet. Es war das Treffen zweier fremder Personen, die sich zum ersten Mal sehen. Sie wissen zwar, dass sie Mutter und Tochter sind, aber kennen sich überhaupt nicht. Sicher war es für uns beide ein emotionaler und intensiver Moment, weil wir nicht wussten, was alles auf uns zukommt. Wie wird sie auf mich reagieren? Was werden meine ersten Eindrücke und Gedanken sein? Wird diese fremde Person im Charakter mir ähnlich sein? Sieht sie ähnlich aus wie ich? Kann ich mich in ihr spiegeln? Hat sie die gleichen Vorlieben und die gleichen Interessen wie ich? Was werde ich alles bei dieser Begegnung erfahren? Vielleicht wird es für mich nie mehr so sein wie vorher. Wird mich meine leibliche Mutter gleich in Beschlag nehmen oder möchte sie dann die Beziehung nachholen, die sie mit mir nie haben konnte? Unzählige Fragen und Ungewissheiten sind dieser ersten Begegnung vorausgegangen.

Da ja im Vorfeld dieses ersten Treffens doch einiges schiefgelaufen ist und mich die Tatsache sehr belastete, dass die Sozialarbeiterin der Adoptionsvermittlungsstelle meiner leiblichen Mutter meine Identität samt meiner Adresse bekannt gegeben hatte, war es für mich nicht möglich, aus einem geschützten Rahmen die bevorstehende Begegnung zu beurteilen und mich heranzutasten. Für mich persönlich wäre es essenziell gewesen, wenn ich – zumindest vorübergehend – in der Anonymität hätte bleiben können.

So verhielt ich mich deswegen ziemlich distanziert meiner leiblichen Mutter gegenüber. Ich wollte meine Gefühle unter Kontrolle halten, denn ich musste mich schützen. Wie kann ich jemanden umarmen und in Tränen ausbrechen, der mich 30 Jahre zuvor weggegeben hat und nun eine fremde Person für mich ist? Rührende Szenen von solchen Treffen sieht man in letzter Zeit zuhauf am Bildschirm, doch so fühlte ich mich überhaupt nicht und ich kann mir kaum vorstellen, dass die große Masse der adoptierten Menschen sofort „Friede, Freude, Eierkuchen“ verspürt, wenn sie den leiblichen Eltern das erste Mal gegenübersteht.

Ich war froh, dass mein Mann mich bei dieser ersten Begegnung begleitet und unterstützt hat. Eigentlich versprach ich mir von dem direkten Kontakt lediglich, mehr über meine Herkunft zu erfahren, zu spüren, was für ein Mensch meine leibliche Mutter war. Außerdem wollte ich von ihr unbedingt etwas über meinen Erzeuger hören.

Wir haben einen Treffpunkt am Bahnhof Zürich abgemacht. Da wir uns zuvor noch nie gesehen haben, hatten wir im Voraus beschrieben, welche Kleider wir an jenem Tag tragen werden. Schnell haben wir uns gefunden und erkannt, ich konnte sofort eine gewisse Ähnlichkeit mit mir feststellen. Frappant! Wir waren beide sehr gehemmt, nervös und unsicher, was in Anbetracht der Umstände durchaus verständlich ist. Nachdem wir zusammen in einem Café etwas getrunken hatten und der erste Smalltalk vorbei war, sind wir mit dem Tram Richtung See gefahren und spazierten dort dem Ufer entlang. Ich habe meiner leiblichen Mutter unzählige Fragen gestellt. Nicht zu jeder Frage bekam ich eine Antwort. Vor allem über meinen Vater konnte und wollte sie mir nichts erzählen, denn sie hatte ihm damals versprochen, seinen Namen nie zu nennen.

Von ihr habe ich erfahren, dass sie ein hartes Leben hatte und immer voll arbeiten musste, um ihre drei Kinder durchzubringen. Sie war geschieden. Ihr Ehemann hatte sie im Stich gelassen und wohl finanziell nicht weiter unterstützt. Immer wieder schaute ich sie mir genau an. Das also war meine biologische Mutter! Ihre Nase hatte die gleiche Krümmung wie meine. Und ihre Gesichtszüge waren den meinen auch sehr ähnlich. Durch das Treffen mit meiner leiblichen Mutter wurde mir klar: Es gibt tatsächlich schnell erkennbare Wesenszüge und Eigenschaften, die offenbar genetisch übertragen werden. Da kann auch die Erziehung nichts ausrichten.

Irgendwie kam mir das Ganze ein wenig surreal vor. Ich habe mit 30 Jahren zum ersten Mal meine leibliche Mutter gesehen. Man kann gar nicht in Worte fassen, welche Gefühle einen in solch einem Moment durchströmen. Meine leibliche Mutter wollte selbstverständlich auch wissen, wie und wo ich aufgewachsen bin, welche Ausbildungen ich genossen hatte und was ich beruflich machte. Und natürlich wollte sie wissen, wer meine Adoptiveltern waren. Es war ihr wichtig zu erfahren, ob es mir in all diesen Jahren gut ergangen ist. Ihre anderen drei Kinder waren zwischenzeitlich auch erwachsen, aber keines hatte eine Familie gegründet. So war mein Sohn André, der bei dieser ersten Begegnung nicht zugegen war, eigentlich ihr erstes Enkelkind.

Ein paar Monate später kam es zu einer zweiten Begegnung, zwischendurch haben wir uns gegenseitig mehrere Briefe geschrieben. Meine leibliche Mutter lud uns bei sich zu Hause zum Mittagessen ein. Unser Sohn André war diesmal auch dabei. Sie kochte für uns ein köstliches Essen, währenddessen lief klassische Musik. Schon wieder entdeckte ich eine Gemeinsamkeit. Auch ich liebe klassische Musik und war erstaunt, dass eine einfache Frau wie sie eine solche Vorliebe hat. Wir hatten wirklich eine gute Zeit zusammen und plauderten viel. Sie erzählte mir noch mehr über ihr Leben, von ihrer schweren Kindheit. Sie hat im Alter von sechs Jahren ihre Mutter verloren, und wuchs danach bei einer Tante auf, die sehr gut zu ihr war. Jedoch hatte der Onkel ein diszipliniertes und autoritäres Wesen. Meine Mutter lernte den Beruf der Blumenbinderin, konnte ihre Lehre allerdings nicht abschließen, weil sie heiraten musste, denn ihre erste Tochter war unterwegs. Das Mädchen wurde bei den Schwiegereltern aufgenommen. Es folgten zwei Söhne, die in einem Kinderheim aufwachsen mussten. Ihr Mann habe sie nie unterstützt und sie war mit allem auf sich allein gestellt. Dann erfuhr ich auch, dass eines ihrer Kinder das ganze Leben in einem

Heim verbracht hatte. Dieser Sohn leidet an Schizophrenie. Da meine leibliche Mutter wegen diesen Umständen gezwungen war, Vollzeit zu arbeiten, konnte sie ihn nicht zu Hause betreuen. Sie nahm ihn aber jedes zweite Wochenende zu sich nach Hause. Der Umgang zu ihrem Sohn war aber alles andere als einfach, sie musste sehr viel in Kauf nehmen. Durch seine psychische Erkrankung war er manchmal bösartig und wollte immer alleine sein, sobald er bei ihr zu Hause war. Er weigerte sich, mit ihr an einem Tisch zu sitzen und lief beim Spazierengehen stets einige Meter voraus. Zu jener Zeit stand meine leibliche Mutter kurz vor dem Ruhestand. Sie sagte zu mir, dass sie, sobald sie pensioniert sei, ihren Sohn zu sich nach Hause nehmen würde. Das war für mich der ausschlaggebende Grund, weshalb es bei diesen zwei Begegnungen blieb. Ich hatte bereits einen großen Rucksack zu tragen: Eine stark depressive Mutter und einen drogenabhängigen Bruder. Mir fehlte die Kraft, mich auch noch mit den Problemen ihres Sohnes auseinanderzusetzen.

Da ich immer noch nichts über meinen biologischen Vater wusste, bohrte ich nochmals nach. Meine leibliche Mutter konnte sich nur noch schwach an ihn erinnern, nicht einmal sein Vorname fiel ihr ein. Den Familiennamen hingegen wusste sie noch. Sie hatten sich an der Fasnacht kennen gelernt. Mein Vater sei ein lieber Mensch gewesen, sehr lustig, der alle in seinen Bann zog. Er war groß, breitschultrig, hatte lockiges Haar und blaue Augen. Allerdings hatte er damals meiner Mutter verschwiegen, dass er bereits verheiratet war. Mehr konnte (oder wollte) sie mir nicht über ihn erzählen.

Diese zwei Begegnungen mit meiner leiblichen Mutter haben mir dazu verholfen, mir ein Bild von ihr zu machen. Ich habe entdecken können, warum ich so aussehe, wie ich aussehe. Und dieses Wissen gibt mir einen gewissen Halt. Meine leibliche Mutter war nicht mehr abstrakt und existierte nicht nur in meinen Vorstellungen, sondern ich habe sie physisch und seelisch erfahren und spüren können. Allerdings war ich nicht imstande, eine wirkliche Verbundenheit zu meiner leiblichen Mutter herzustellen. Zu viel Zeit ist vergangen, denn die verlorene Kindheit mit ihr kann nicht nachgeholt werden. Es vereinte uns keine gemeinsame Vergangenheit, meine leibliche Mutter blieb mir fremd. In Erinnerung bleibt sie mir jedoch als eine sympathische und nette Person. Ich spürte, dass sie viele Ähnlichkeiten mit mir hatte, nicht nur im Aussehen.

Durch die Suche nach dem Ursprung konnte ich an eigener Haut erfahren, dass Blut weniger bindet als ein gemeinsames Leben. Für mich stand fest, dass es nur ein Paar wirkliche Eltern gibt: meine Herzenseltern, die immer für mich da waren, meine Mami und mein Papi. Nur zu ihnen hatte ich eine tiefe Beziehung. Ja, wir hatten genetisch keine Gemeinsamkeiten, aber niemand könnte unsere Verbindung je infrage stellen. Der soziale Kitt zu meiner Adoptivfamilie war stärker als die Gene. Ich hatte aber auch nie die Absicht, eine zweite Mutterbeziehung aufzubauen, sondern wollte in erster Linie ein paar fehlende Puzzleteile meiner Biografie ausfindig machen.

In letzter Zeit gibt es viele Berichte und Sendungen, die die Suche und die Wiederbegegnung mit den leiblichen

Eltern thematisieren. Die Protagnisten sind meistens sehr junge Leute und ihre Geschichten werden äußerst emotional und „medienwirksam“ dargestellt, stets mit heftigen Umarmungen vielen Tränen untermalt. Sicher sind das schöne und berührende Szenen. Im fortgeschrittenen Alter hinterfragt man vielleicht viel mehr, ob man eine Begegnung mit den leiblichen Eltern wirklich will. Man ist zurückhaltender, denkt an die Konsequenzen, die eine solche Begegnung mit sich bringen könnte. Nie weiß man im Voraus, wie diese Suche enden wird. Es stellen sich Fragen, u.a.: Wie gehe ich mit meinen Gefühlen um, wenn zum Beispiel die leibliche Mutter bereits verstorben ist, oder wenn man bei der Suche auf Ablehnung stößt? Wie würde man reagieren oder damit fertig werden, wenn sich herausstellt, dass der leibliche Vater Alkoholiker ist? Oder die leibliche Mutter eine Prostituierte? Ich finde, man sollte eine starke und stabile Persönlichkeit haben, um mit solchen Tatsachen fertig zu werden. Solche tiefgreifenden Erlebnisse könnten sonst in ein erneutes Trauma führen. Dazu später ein paar Tipps für eine erfolgreiche Suche.

Die fehlende Urkunde

Das Fehlen eines wichtigen Dokuments hat mir viel Sorgen und Ärger eingebrockt. Ich wurde als Baby bei der Familie Giacometti untergebracht. Nach dem damaligen Gesetz wurden die Kinder die ersten zwei Jahre als Pflegekinder platziert. Erst nach Ablauf dieser Zeit konnten die Pflegeeltern das Kind adoptieren. Grundsätzlich ist es auch heute noch so. Zu diesem Zeitpunkt waren meine Eltern zwei Jahre verheiratet, u.a. auch eine Bedingung, die erfüllt werden musste. Sie hatten auch keine eigenen Nachkommen. Zudem sollten die künftigen Adoptiveltern mindestens 40 Jahre alt sein. Diese letzte Voraussetzung traf nur auf meinen Adoptivvater zu. Meine Mami war 20 Jahre jünger als er, und somit zum Zeitpunkt meiner Adoption erst 26 Jahre alt. So wurde die Adoptionsgenehmigung des Gerichts von Lugano nur auf meinem Papi ausgestellt, gestützt auf die schriftliche Einwilligung meiner Mami und meiner leiblichen Mutter. Zudem war es damals üblich, dass ein Adoptionsvertrag abgeschlossen wurde, schon allein wegen des Erbrechts. Adoptivkinder waren gemäß dem alten Gesetz nicht erbberechtigt. Als das neue Gesetz im Jahr 1973 in Kraft trat, wurde dieser Vertrag annulliert und ich hatte die gleichen Rechte wie ein leibliches Kind. Meine Mami hätte folglich meine Adoption nachholen können, da sie gemäß dem neuen

Recht ihren 35. Geburtstag bereits erreicht hatte. Damals konnten die Adoptivkinder den Familiennamen der Adoptiveltern zwar übernehmen, behielten jedoch ihren den ursprünglichen Heimatort, was sich dann im Jahre 1973 ebenfalls änderte.

Früher hatte ich mich eigentlich nie so tief mit dem Thema Adoption auseinandergesetzt. Ich wusste, dass ich die Adoptivtochter von meiner Mami und meinem Papi war, und das genügte mir. Aber wie sagt man so schön: Die Vergangenheit holt einen immer wieder ein. Und so war es dann auch bei mir.

Die Überraschung war groß, als wir Jahre später feststellen mussten, dass die Adoptionsurkunde seitens meiner Mami nirgends aufzufinden war. Der schlimme Lebenswandel meines Bruders motivierte meine Mami, sich schon bald Gedanken zu machen, wie sie ihren Nachlass regeln sollte. Reto war zu diesem Zeitpunkt immer noch auf der schiefen Bahn und seine Schulden häuften sich von Jahr zu Jahr. Sie wollte nicht, dass ihre sauer verdienten Ersparnisse für sein Fehlverhalten aufgebraucht würden. Meine Mami hatte schon genug Bußen und Schulden begleichen müssen, die sich in all den Jahren auf über 100 000 Franken summierten und die Reto zu einem späteren Zeitpunkt hätte zurückbezahlen sollen. Leider waren seine Ausgaben jeweils höher als sein spärliches Einkommen, denn der große Teil des Geldes versickerte im Drogensumpf. Schulden zurückzahlen war für ihn nie ein Thema.

Meine Mami suchte Rat bei einem Notar. Sie beabsichtigte, meinen Bruder zu enterben, doch die Voraussetzungen waren nicht gegeben. „Der Erbe muss gegen den Erblasser oder gegen eine ihm nahe stehende Person eine schwere vom Strafrecht erfasste Tat begangen haben", sagt das Gesetz. Eine solche hat Reto gegen seine Mutter jedoch nicht begangen, seine verbalen Attacken und Drohgebärden reichten für eine Enterbung nicht aus. Auch kümmerte Reto sich nie um seine Mutter. Es kränkte meine Mami extrem, dass er immer nur vorbeischaute, wenn er wieder in Geldnöten steckte.

So konnte sie ihn lediglich auf den Pflichtteil setzen, was sie so auch in einem Testament kundtat. Zudem wollte sie mir möglichst bald ein kleines Haus überschreiben, damit es später einmal nicht am Erbe angerechnet werden konnte. Beim Verfassen des Vertrages verlangte der Notar die Adoptionsurkunde seitens meiner Mami, damit alles nach rechten Dingen abgehandelt hätte werden können. Ohne dieses Papier war er nicht berechtigt, rechtlich korrekten Schenkungsvertrag zu erstellen. Meine Mami, die immer sehr ordentlich ihre wichtigen Unterlagen aufbewahrte, konnte diese Urkunde jedoch nicht finden. Und da begann das große Rätselraten.

Meine Mami erinnerte sich noch schwach daran, einmal ein Papier unterschrieben zu haben, wusste aber nicht mehr wann und ob es sich wirklich um den Adoptionsvertrag gehandelt hatte. Sie versuchte den Notar zu kontaktieren, bei welchem meine Adoptionsunterlagen archiviert waren, aber dieser war leider zwischenzeitlich verstorben. Eine junge Notarin hatte seine Akten übernommen. Meine Mami war am Boden zerstört, nebst dem litt sie bereits unter starken Depressionen. So nahm ich die Sache selbst in die Hand und fragte die Notarin, ob sich in meinen

Akten eine Adoptionsurkunde meiner Mami befände. Sie nahm sich meinem Anliegen sehr beherzt an und schickte mir alle originalgetreuen Unterlagen in Kopie, die sie finden konnte. Darunter war jedoch keine Adoptionsurkunde meiner Mami, lediglich die meines Papis. Die Notarin war selbst erstaunt über diese unklare Situation und bat mich, sie auf dem Laufenden zu halten.

Die Lage schien sehr komplex zu sein und meine Mami suchte nach Auswegen, wie sie mich beim Erbe bevorzugen könnte. So beschloss sie kurzerhand, mich einfach im Erwachsenenalter von nunmehr 40 Jahren zu adoptieren. Es stellte sich jedoch heraus, dass dies nicht mehr möglich war. Ich kontaktierte daraufhin einen mir bekannten Juristen, um die komplizierte Rechtslage zu klären und herauszufinden, wie es zu diesem Versäumnis kommen konnte und ob es noch eine Möglichkeit gebe, die Adoption nachzuholen. Nicht ausschließen konnte man auch Versäumnisse seitens der damaligen Behörden. Seit dem Zeitpunkt der Adoption durch meinen Papi hatte sich auch noch das Gesetz geändert.

Nachfolgend die Stellungnahme vom 19. Januar 1999 (in Grundzügen) des Juristen zu einer nachträglichen Adoption seitens meiner Mutter;

Situation nach altem Recht (bis 30. März 1973)

Nach Art. 264 a ZGB (vom 1. Januar 1912) bestanden mit der Erfordernis des Mindestalters von 40 Jahren und der Voraussetzung des Fehlens ehelicher Nachkommen gesetzliche Hindernisse zur Adoption (damals Kindesannahme genannt). Eine Adoption von Regula Brühwiler durch Hedwig Giacometti war während Geltung des alten Rechts somit gar nicht möglich. Hingegen musste sie als Ehefrau von Luciano Giacometti gemäss Art. 266 a ZGB zu deren Adoption ihre Zustimmung geben. Dies hat aber mit dem Willen zur eigenen Adoption nichts zu tun und hätte auch nicht zur Adoption geführt, falls die Voraussetzungen während der Geltung des alten Rechts eingetreten wären.

Situation nach Übergangsrecht

Gemäss Art. 12 a SchlT ZGB gelten die Bestimmungen des alten Rechts für nach altem Recht vorgenommene Adoptionen weiter. Zustimmungen bleiben weiterhin gültig. Art. 12 c SchlT ZGB räumte während der Dauer von fünf Jahren seit Inkrafttreten des neuen Rechts die

Möglichkeit ein, mündige Personen nach den Bestimmungen über die Adoption Unmündiger zu adoptieren, falls nach altem Recht die Voraussetzungen nicht gegeben, nach neuem Recht jedoch erfüllt waren. Letzteres hätte für die Adoption von Regula Brühwiler zugetroffen. Nach altem Recht bestanden gesetzliche Hindernisse, während nach neuem Recht bei der Adoption Unmündiger das Mindestalter von 40 auf 35 Jahre gesenkt und das Hindernis der eigenen Nachkommenschaft aufgehoben wurde. In der 5-Jahresfrist zwischen 1. April 1973 und 30. März 1978 hätte also die Möglichkeit bestanden, eine Adoption von Regula Brühwiler durch Hedwig Giacometti vorzunehmen.

Situation nach neuem Recht (seit 1. April 1973)

Die Voraussetzungen zur Adoption wären – abgesehen von der oben aufgeführten übergangsrechtlichen Möglichkeit – auch in direkter Anwendung des neuen Rechts bis zum Eintritt der Mündigkeit von Regula Brühwiler am 6. Oktober 1978 erfüllt gewesen (Art. 264 ff. ZGB). Für die Zeit seit 6. Oktober 1978 sind die Bestimmungen über die Adoption Mündiger (Art. 266 ZGB) anzuwenden. Im Gegensatz zur Adoption Unmündiger besteht bei der Adoption Mündiger weiterhin die Voraussetzung, dass keine Nachkommen vorhanden sind (Art. 266

Abs. 1 ZGB). Die Adoption von Regula Brühwiler durch Hedwig Giacometti ist somit heute nicht möglich.

So stand also schwarz auf weiß fest, dass eine nachträgliche Adoption durch meine Mami per Gesetz nicht vorgesehen war. Für uns war diese Regelung ernüchternd. Diese völlig neue Sachlage warf bei mir noch weitere Fragen auf, welche ich auch mit dem Juristen klären konnte. Als mein Papi starb, war ich noch minderjährig. Der Jurist erklärte mir, dass ich somit bis zum Eintritt der Mündigkeit nur den Status eines Waisen- beziehungsweise Pflegekindes innehatte. Bezüglich der Erbschaft bedeutete das, dass, falls über die Erbberechtigung nach altem Recht keine abweichenden Bestimmungen aufgestellt wurden, gegenüber meinem Papi Luciano Giacometti die volle direkte Erbberechtigung bestand, demnach seine direkten Nachkommen als seine gesetzlichen Erben gelten. Nach Art. 457 Abs. 2 ZGB hatten Reto und ich die gleichen Anteile zu erben. Meiner Mami gegenüber bestand allerdings keine Erbberechtigung. Sie konnte jedoch mich im Rahmen der verfügbaren Quote als Erbin einsetzen (Art. 470 ZGB). Wenn Nachkommen vorhanden sind, und das war mit meinem Bruder Reto ja der Fall, beträgt der diesen zustehende Pflichtteil ¾ des gesetzlichen Erbanspruchs (Art. 471 Ziff. 1 ZGB). Laut Gesetz könnte ich also durch meine Mami zu ¼ als Erbin eingesetzt werden.

Das war aber nicht im Sinne meiner Mami. Sie wollte ihr sorgfältig angehäuftes Vermögen, welches auch aus der

Erbschaft ihres Vaters stammte, nicht in Drogen investiert sehen.

Die kontaktierte Notarin empfahl mir zudem, einen Auszug aus dem Familienbüchlein bei der Heimatgemeinde einzufordern. In diesem konnte ich dann feststellen, dass ich als Tochter meines Papis und meiner Mamis eingetragen war. Es hieß aber, dass auch Behörden Fehler unterlaufen könnten. Es war letztlich nicht deutlich erkennbar, ob ich wirklich von beiden Elternteilen adoptiert worden bin oder nur durch meinen Papi. In der Zwischenzeit hatte meine Mami einen anderen Notar gefunden, der bereit war, den Schenkungsvertrag zu redigieren, auch ohne die fehlende Adoptionsurkunde.

Ehrlich gesagt, mir sind immaterielle Werte wichtiger und es reicht mir völlig aus, wenn ich genügend Mittel habe, um ein für unsere Vorstellungen vernünftiges Leben führen zu können. Viel wichtiger ist für mich, dass ich im Leben meinen Frieden habe und dass ich Liebe geben und empfangen kann. Hingegen war es für meine Mami sehr wichtig zu wissen, dass ihr Hab und Gut in meine Hände und nicht in die eines „Schlawiners" kam. Ich versuchte, sie zu beruhigen: Im Familienbüchlein war ich schließlich als gleichwertiger Nachkomme eingetragen, und kaum jemand würde daran zweifeln, dass ich nicht wirklich von ihr adoptiert worden wäre. Noch heute weiß ich allerdings nicht, ob meine Adoption damals seitens meiner Mami tatsächlich ordnungsgemäß und gesetzeskonform verlaufen ist. Und so wird es wohl für immer ein Mysterium bleiben.

Eine letzte Versöhnung

> *„Tatsächlich braucht es aber für ein frühtraumatisiertes Kind Jahre bis Jahrzehnte in aufrichtige Liebe, Wärme, Geborgenheit, Geduld, Ruhe und Sicherheit, bis es sich endlich nicht mehr vom Tode bedroht und in Sicherheit fühlt.“* (Bonus, 2008)

Als ich vor einem Jahr zum ersten Mal die liebevollen Briefe las, die meine Mami in den Jahren 1958 bis zirka 1966 an die Adoptionsvermittlungsstelle schrieb, rollten bei mir die Tränen. Es war so rührend zu lesen, wie ich ihr Leben bereichert hatte und ihr Sonnenschein war und wie sie darin erzählte, dass sie mich nie mehr hergeben wollte. Diese Seite meiner Mami war mir völlig unbekannt. Aber es tat gut, ihre Worte zu lesen und zu spüren, wie sie damals meine Ankunft in ihrem Leben erlebt hatte.

Meine Mami liebte mich wirklich über alles, sie war großzügig und erfüllte mir fast jeden Wunsch. Sie hat mir auch sehr viel beigebracht: Ich konnte schon früh schwimmen, Schlittschuhlaufen, Skifahren und vieles mehr. Für das alles bin ich ihr sehr dankbar. Mit ihrer Disziplin hat sie es geschafft, dass ich zweisprachig aufwachsen und später von diesem Vorteil enorm profitieren konnte. Zudem war ich ihr Vorzeigekind. Bei allen Leuten lobte sie mich in den höchsten Tönen, sie war sichtlich stolz auf mich. Alles, was ihr leiblicher Sohn nicht erfüllen konnte, hat sie in mir gefunden. Ich war gut in der Schule, beliebt bei allen, arbeitete fleißig, war sparsam, ordentlich. Dies alles suchte sie vergeblich bei meinem Bruder. Bis zu ihrem Lebensende pflegten wir einen intensiven Kontakt zueinander. Ich ging mehrmals pro Jahr nach Lugano und sie kam mehrere Wochen pro Jahr zu mir in die Ferien. Sie schätzte die Aufenthalte bei uns sehr.

Ich bin sehr dankbar, dass ich in dieser Familie aufwachsen konnte. Diese Lösung war sicher tausendmal besser, als in einem Kinderheim untergebracht zu werden. Es gibt unzählige Kinder auf dieser Welt, die sich viel härter durchs Leben kämpfen müssen, nicht genug zu essen haben und völlig auf sich selbst angewiesen sind. Aber auch die seelischen Leiden eines Adoptivkindes sind nicht zu unterschätzen, sie können ebenso gravierend sein wie körperliche Verletzungen. Man erkennt sie nicht gleich, sie wirken versteckt in Inneren und können psychische und physische Beschwerden verursachen, die man nicht einordnen kann.

Auf dem Sterbebett flüsterte meine Mami zu mir: „Bitte verzeih mir, wenn ich immer so hart zu dir war. Es tut mir leid.“ Es war ihr also bewusst, dass ich unter ihrer Härte gelitten hatte. Und somit sei es mir gewährt zu schreiben, wie ich sie wahrhaftig erlebt habe.

Die große Liebe und Nestwärme, die meine Mami in ihren Briefen verfasst hatte, konnte sie mir nie richtig zu spüren geben. Sie konnte offenbar einfach nicht anders. Sie erlebte in ihrer Kindheit selbst eine strenge und spartanische Erziehung, die sie nun in sich trug und weitergab. Ich denke, sie hatte in ihrer Kindheit nicht genug Aufmerksamkeit erhalten und konnte so auch keine Wärme weitergeben. Meine Mami ist in Bern, in der Länggasse, geboren und aufgewachsen. Ihr Vater hat die Schreinerei seines Vaters übernommen und die Familie Rufer konnte ein gutes, aber bescheidenes Leben führen. Als der Zweite Weltkrieg ausbrach, musste mein Großvater an die Grenze und meine Großmutter arbeitete hart, um die Familie zu unterhalten. Damals gab es noch kein Militärersatzgeld und sie nähte Tag und Nacht Hemden und Uniformen für die Armee. In diesen Jahren mussten sie auf vieles verzichten. Meine Mami kam in ihrer Familie leider immer an zweiter Stelle: An erster Stelle stand stets der Sohn, ihr Bruder. Damals waren die erstgeborenen Söhne immer privilegiert, schließlich mussten diese jeweils in die Fußstapfen des Vaters treten. Doch ihr Bruder war sehr oft krank und brauchte die ganze Aufmerksamkeit der Mutter. Der Vater meiner Mami arbeitete in seiner Schreinerei in der Länggasse in Bern und in der Freizeit spielte er Fußball beim FC Länggasse. Später wurde er dann Schiedsrichter. Eine Freundin meiner Mami hat mir erst kürzlich erzählt, dass mein Großvater dazumal der einzige Schiedsrichter war, der dreimal hintereinander einen Schweizer Cup-Final gepfiffen hatte. Sie erzählte auch, dass schon damals (in den 40er-Jahren) die Schiedsrichter es mit den Fans nicht leicht hatten. Diese Freundin arbeitete einige Jahre als Sekretärin beim Schweizerischen Fußballverband und erwähnte, dass sie jeden Montag mit Spannung auf die Schiedsrichterberichte warteten. Die schlimmsten tätlichen Auseinandersetzungen wurden jeweils von den Tessinern registriert: brennende Zigaretten auf der Wange, Steinwürfe, Schlägereien und anderweitige Pöbeleien. Meine Großmutter berichtete mir des Öfteren, dass mein Großvater unter Polizeischutz zum Zug begleitet werden musste (nota bene: den er jeweils aus dem eigenen Sack zahlen musste!). Am Ende seiner Karriere pfiff mein Großvater auch internationale Fußballspiele. Und da erlebten meine Großeltern ein großes Highlight: Sie durften mit dem Schiff für ein internationales Match nach Amsterdam fahren. Später war mein Großvater Curling-Champion und ich konnte als Kind viele Siegerehrungen in Mürren im Berner Oberland hautnah miterleben. Er war ein sehr disziplinierter Mann, ein sehr strenger Vater, aber nie viel zu Hause.

Nach ihrer kaufmännischen Lehre bei Chocolat Tobler in Bern wollte meine Mami weitere berufliche Erfahrungen sammeln und wechselte dann nach Zürich zu Lindt & Sprüngli. Ursprünglich war es ihr Wunsch, Turnlehrerin zu werden, aber ihr Vater verbot es ihr, da das kein angesehener Beruf für eine Frau sei. In Zürich, am Arbeitsplatz, lernte sie dann meinen Papi kennen.

Von meiner Mami habe ich viel fürs Leben gelernt. Sie war sehr fleißig und sportlich, aber auch äußerst unternehmungslustig. Sie brauchte ständig Gesellschaft, und das kam mir in meiner frühen Kindheit als Einzelkind zugute. Ich hatte stets viele Kinder zum Spielen um mich herum. So brachte sie mir sehr früh das Schwimmen bei. Da ich sehr ängstlich war, strapazierte ich ihre Geduld, welche sie eigentlich gar nicht hatte, bis aufs Äußerste. So erinnere ich mich noch ganz genau, wie sie mich im Schwimmbecken hart anpackte und energisch instruierte. Ich spüre noch heute ihren kräftigen Griff am Kinn. Keine gute Erinnerung. Aber das war ihr Charakter. Meine Mami war extrem mutig, sie probierte fast jede Sportart aus, sie kannte keine Hemmungen. So hatte sie Mühe, mit meinen Ängsten umzugehen und diese und damit mich zu verstehen. Sie erhoffte sich durch ihr hartes Durchgreifen, dass ich meine Ängste überwinden würde – aber meist erfolglos.

Im Winter wurden wir immer von meinen Großeltern nach Mürren eingeladen. Mein Großvater hatte zwischenzeitlich seine Schreinerei verkauft und konnte sich dank guten Investitionen schon im Alter von 55 Jahren pensionieren lassen. So verbrachte er fast den ganzen Winter in Mürren und spielte täglich Curling. Mein Großvater ermöglichte es mir auch, in die Skischule zu gehen. Mit drei Jahren war ich die Kleinste, dazumal waren es ausschließlich Erwachsene, die einen solchen Kurs besuchten. Ich war aber keine Sportskanone wie meine Mami und mein Großvater. In die Skischule zu gehen war für mich der reinste Horror. Die Lehrerin war streng und mich plagten stets Ängste. So habe ich jeden Morgen den ganzen Weg durchs Dorf geschrien, weil ich nicht zur Skischule wollte. Aber meine Mami meinte, ich müsse vom Angebot des Großvaters profitieren. Das war sicher nicht schön, mich so zu zwingen, aber später – muss ich zugeben – fuhr ich leidenschaftlich gerne Ski.

Der Bruder meiner Mami kehrte später der Familie den

Rücken, als er nicht den gewünschten Erbvorbezug erhielt. Meine Großmutter litt enorm darunter, dass sie keinen Kontakt mehr zur ihrem geliebten Sohn haben konnte. So rückte meine Mami auf einmal in die Rolle des Lieblings, auf den ersten Platz innerhalb der Familie Rufer, und mit ihr auch wir Großkinder. Als kurz vor dem Ableben ihres Vaters der Bruder meiner Mami wieder auftauchte, wurde alles anders. Bei meiner Mami riss es all die alten Wunden wieder auf. Die ganze Tragik der tiefen Verletzungen musste ich dann bei der Beerdigung meines Großvaters hautnah miterleben. Der verlorene Sohn spielte sich auf, als wäre er seit Jahren die große Stütze der ganzen Familie gewesen. Meine Großmutter vergötterte den Rückkehrer und nur er stand nun im Mittelpunkt bzw. an erster Stelle. Meine Mami erlitt daraufhin einen Nervenzusammenbruch. Damals verstand ich ihre Reaktion nicht wirklich. Aber jetzt weiß ich, dass sie in ihrer Kindheit unter der abgöttischen Bevorzugung ihres Bruders sehr gelitten haben musste.

Die Mutter ist bekanntlich die wichtigste Bezugsperson eines Kleinkindes. Leider muss ich betonen, dass meine Adoptivmutter nicht wirklich liebenswürdig und feinfühlig war – aber sie war meine MAMI. Ich kann mich nicht daran erinnern, dass sie mich je umarmte, mich in den Armen hielt. Sie war nach außen gefühlskalt. Tief in ihrem Inneren war sie extrem sensibel, konnte aber den Mitmenschen diese Seite nicht zeigen. Sie war sehr streng und fordernd, sie schrie uns Kinder oft an. Da ich als Kleinkind viele heftige Trotzanfälle hatte, hat sie mir des Öfteren den „Arsch versohlet“ (so hat sie es mir später erzählt). Irgendwann habe ich mich dann wohl gefügt und angepasst, bis ich das pure Gegenteil und nur noch das brave, folgsame Mädchen wurde.

Ich denke, dass die fehlende Geborgenheit und Wärme dazu geführt hat, dass ich als Kleinkind sehr oft krank war. Wenn ich krank war, bekam ich die volle Aufmerksamkeit, die ich brauchte. Es ist schier unglaublich, wie Kleinkinder Wege finden, um ihre grundlegenden Bedürfnisse stillen zu können.

Meine Mami hatte die Finanzen der Familie voll im Griff. Da mein Papi eher der Künstlertyp war – er kam ja schließlich aus der Künstlerfamilie Giacometti –, den das Geld nicht interessierte, war er sicher froh, dass sie sich um die finanziellen Angelegenheiten kümmerte. Darin war meine Mami wirklich gut. Trotz der knappen Ressourcen schaffte sie es, so viel zu sparen, dass wir jedes Jahr nach Italien ans Meer fahren konnten. Ich hatte auch immer das Gefühl, dass für sie das Materielle sehr wichtig war, insbesondere das Thema Geld. Auch in dieser Beziehung war ich nicht wie meine Mami. Für mich ist Geld nur ein Mittel zum Zweck und war nie Motivation Nummer eins.

Ich mache meiner Mami keine Vorwürfe, ich will nur aufzeigen, dass es für beide Seiten schwierig war, denn unsere Gene tickten einfach anders. Ja, meine Mami und ich waren grundverschieden. Schon was das Äußerliche anbelangt: Sie hatte blaue Augen und blonde Haare, ich braune Augen und dunkelbraune Haare. Trotzdem kam es auf der Straße oft vor, dass Passanten meinten, wie ich doch meiner Mami gleiche – dies wohl in Unkenntnis meiner Adoption. So flüchtig nehmen gewisse Menschen einen wahr.

Meine Mami war eine Sportskanone, ganz wie ihr Vater. Ich selber bewege mich auch sehr gern, liebe aber eher die feinen Aktivitäten wie Tanz und Ballett. Auch im Charakter unterschieden wir uns gravierend: sie war unglaublich spontan, kontaktfreudig, aber auch direkt, undiplomatisch und oft auch verletzend. Ich bin eher zurückhaltend, diskret, einfühlsam und nett. Meiner Mami konnte ich es nie recht machen. Alles wurde kritisiert. Das löste eine totale Unsicherheit in mir aus. Und sie war extrem ungeduldig. Wie sie sich an meiner Verträumtheit störte! Wenn ich zum Beispiel das Geschirr abtrocknete, redete ich immer viel und konzentrierte mich mehr darauf, was ich sagte, als auf meine eigentliche Tätigkeit, war stets ein wenig gedankenverloren. So ermahnte sie mich ständig in einem giftigen Ton, endlich vorwärts zu machen. Ich litt extrem unter ihrer zu direkten und unverblümten Art, die Sachen mitzuteilen und zu kritisieren. Ich schämte mich oft für meine Mami. Sie konnte nie anständig reklamieren und beleidigte die Menschen sehr oft. Dadurch verlor sie leider viele Freunde und Bekannte, konnte aber immer wieder neue Beziehungen aufbauen, weil sie sehr kontaktfreudig war. Nur diejenigen Menschen, die ihr Paroli bieten konnten, hielten es über Jahre bei ihr aus. Zudem hatte sie immer recht und wusste alles besser. Man konnte mit ihr keine sachliche Diskussion führen und anderer Meinung sein. Nur ihre Meinung war die Richtige. Mit der Zeit vermied ich jegliche Diskussion, die zu einer

Eskalation hätte führen können, und behielt meine Meinung für mich. Als ich schon längst erwachsen war und meine eigene Familie gründete, befahl sie mir immer noch, was ich zu tun hatte. Da ertrug ich es noch weniger. Aber ich getraute mich nie zu wehren, aus Respekt und Furcht vor ihr. Vielleicht ist auch dies mit ein Grund, weshalb ich das hier alles aufschreibe, denn ich litt sehr unter ihrer ausgeprägten Autorität. Wie ihre Tablettensucht ihr Wesen verändert und beeinflusst hat, entzieht sich meiner Kenntnis. Noch heute habe ich Mühe, mit Frauen umzugehen, die mir gegenüber fordernd sind und Macht ausüben wollen.

Mein Ehemann hat mir mehrmals versichert, dass er bei einer solchen Mutter bereits mit 18 Jahren ausgezogen wäre und den Kontakt gänzlich abgebrochen hätte. Er hat bei uns zuhause vieles mit ertragen müssen.

Leider machte sie mit ihrem Charakter auch ihre Beziehung zu meinem Papi kaputt. Sie schrie ihn wegen Kleinigkeiten dauernd an. Mein Papi war ein liebenswürdiger Mensch und war die Geduld in Person. Er war solch ein Verhalten nicht gewohnt, denn in seinem Elternhaus pflegte man einen anständigen Umgangston. Ich hasste die Streitereien zwischen meinen Eltern. Ich ertrug die Spannungen fast nicht, konnte aber nichts daran ändern oder dazu beitragen. Als ich älter wurde, hat mich meine Mami immer wieder gegen meinen Papi aufgehetzt. Das war für mich das Schlimmste. Immer wenn er vergessen hatte, etwas für sie zu erledigen, machte sie ein riesiges Drama daraus. Ich konnte es nicht verstehen, dass man wegen solchen Bagatellen einen Streit auslösen konnte. Für mich war mein Papi mein Herzensvater, ich liebte ihn über alles. Er war für mich der Denker, der Lebenskünstler, für den das Heruntertragen des Müllsackes nicht so wichtig war – er vergaß es einfach. Es war sicher nie böswillig von ihm gemeint, die ihm aufgetragenen Dinge nicht zu erledigen.

Noch heute vermeide ich Streitigkeiten und weiche ihnen aus. Es muss aber auch noch irgendetwas vorgefallen sein zwischen meinen Eltern, was ich bis heute nicht genau weiß. Etwas, das ihre Beziehung tief erschüttert hat. Erst viel später hat mir eine alte Freundin meiner Mami eine Andeutung gemacht, wollte sich aber dazu nicht genauer äußern, was zwischen meinen Eltern vorgefallen war, denn sie hatte meiner Mami versichert, es niemandem zu verraten. Ich habe mit viel Fingerspitzengefühl versucht, meine Mami zum Erzählen zu bewegen, aber sie blockte immer ab. Es wird ihr Geheimnis bleiben, sie hat es mit ins Grab genommen.

Es waren letztendlich verschiedene Faktoren, die den Charakter meiner Mami verändert haben. Die unzufriedene Beziehung zu meinem Papi und die große Herausforderung mit der Erziehung meines Bruders waren sicher Gründe. Zudem hat gewiss auch das jahrelange Schlucken von Beruhigungsmitteln und Schlaftabletten dazu geführt, dass sich ihre Persönlichkeit und Charakterzüge zusätzlich stark verändert haben. Alte Freundinnen erzählen mir immer wieder, wie lustig und fröhlich sie doch in der Jugend war, sie konnte alle in ihren Bann ziehen.

Bis zu ihrem Ableben pflegten wir trotzdem regelmäßigen Kontakt.

Adoptiveltern müssen sich bewusst darüber sein, dass sie sehr viel Kraft und Energie in die Betreuung eines anvertrauten Kindes investieren müssen. Und das Allerwichtigste: sie müssen auch die Fähigkeit dazu haben. Meine Mami besaß leider nicht die Begabung, eine liebevolle und geduldige Mutter zu sein. Umso schwieriger und aufwändiger dürfte es für sie gewesen sein, ein Adoptivkind großzuziehen.

Wenn sich meine Mami aber nicht durchgesetzt hätte, ein Kind zu adoptieren, hätte ich nie die Tochter meines Papis sein können. Ihn hätte ich nie missen wollen! So spielt das Leben eben Schicksal.

Eigentlich müsste ich ja eine gewisse Dankbarkeit zeigen. Meine Adoptiveltern haben mich aufgenommen, und ich musste nicht im Heim aufwachsen. So gesehen war es für mich sicher die beste Lösung gewesen – nur die Eltern konnte ich mir halt auch nicht selber aussuchen. Diese Dankbarkeit muss man aber relativieren. Zu Adoptiveltern wird man nicht, weil man in erster Linie einem „verschupften" Kind ein Zuhause geben will, sondern primär, weil man sich sehnlichst ein Kind wünscht oder um die Kinderlosigkeit zu kaschieren.

Ich konnte feststellen, dass bei vielen Adoptierten die Beziehung zu den Adoptivvätern intensiver ausgeprägt ist als die zur Adoptivmutter. Vielleicht liegt das daran, dass eine wirklich enge Beziehung zur Adoptivmutter gar nie aufgebaut werden kann, wie dies sonst bei der leiblichen Mutter der Fall ist. Väter erwarten in der Regel weniger, akzeptieren besser die Andersartigkeit der Adoptivkinder, sie können sie offenbar besser so annehmen, wie sie eben sind.

Als mir meine Mami am Sterbebett leise sagte, dass es ihr leid täte, immer so streng mit mir gewesen zu sein, verzieh ich ihr und flüsterte ihr ins Ohr, dass ich meinerseits hochsensibel sei und somit auch nichts Grobes ertragen könne. Einige Tage, bevor sie dann die Augen für immer schloss – sie konnte kaum mehr sprechen –, bat sie mich, ganz nah bei ihr zu sein und flüsterte mir ins Ohr: „Du bisch s'liebste, wo ich im mim läbe gha ha." Sie, die niemals Gefühle zeigen konnte, weder mit Gesten noch mit Worten, sagte mir als Letztes so etwas Berührendes. Das werde ich nie vergessen! Das war das Schönste, was sie mir zum Abschied sagen konnte. Und in diesem Moment vergab ich ihr alles. Ich war in ihrem Leben offenbar doch der wichtigste Mensch gewesen. Plötzlich bekam auch mein Leben wieder mehr Sinn, auch das lange Leiden vorher war vergessen. Ich blieb bei ihr, bis zu ihrem letzten Atemzug, und konnte einen magischen Moment erleben. Ich befand mich wie in Trance mit ihr und konnte ansehen, wie sie friedlich von ihrem langen Leiden – dem Krebs – erlöst wurde. Es war für mich ein tiefgreifender Moment der Verbundenheit, der mir half, alles Negative hinter mir zu lassen. Als ich mich von ihr verabschiedete, war ihr Gesicht so entspannt wie nie zuvor. Sie hatte fast ein Lächeln auf den Lippen. Es tat mir gut zu sehen, dass sie jetzt ihren Frieden gefunden hatte. Kein Kampf mehr gegen die Depressionen. Keine Sorgen mehr um den Sohn. Eine Freundin von ihr sagte mir in diesem magischen Moment etwas Wunderschönes: „Siehst du den Stern dort oben? Dort ist deine Mami, sie wird dich nun von dort oben beschützen."

Meine Adoptivmutter starb am 1. Juli, am Geburtstag meines Bruders, am Geburtstag ihres Sohnes. Der Tag der Geburt ihres Sohnes war nun ihr Todestag geworden. Es war ja auch wirklich so, dass sie seit der Geburt von Reto jeden Tag ein wenig verstarb.

Midlifecrisis:
Die Aufarbeitung eines Traumas

> *„Ein Trauma tritt ein, wenn man etwas erlebt, das ‚grösser ist als man selbst', wenn die Kraft seiner Persönlichkeit nicht mehr in der Lage ist, das Ereignis zu verarbeiten."* (Pschyrembel, 1994)

> *„Gelingt dem betroffenen Menschen die Verarbeitung nicht, bleibt ihm nur die Möglichkeit, das Trauma von seinem Bewusstsein abzuspalten und in die tiefsten Tiefen seiner Psyche zu verbannen."* (Lambeck, 2004)

Die Midlifecrisis kam plötzlich und unerwartet, ohne Ankündigung. Wir fuhren gerade von einem Besuch mit dem Auto nach Hause, als ich plötzlich das Gefühl hatte, keine Luft mehr zu bekommen. Es schien mir, als klemmte sich meine Luftröhre zu. Gleichzeitig begann mein Herz wie wild zu rasen. Ich öffnete das Autofenster, obwohl es ein kalter Dezembertag war und erhoffte mir von der frischen Luft Linderung. Aber es wurde immer schlimmer. Ich hatte das Gefühl, gleich ohnmächtig zu werden und die Kontrolle über meinen Körper zu verlieren. Ein grauenhaftes Erlebnis. Als wir zuhause ankamen, rief mein Mann sogleich den Notarzt an. Wir konnten unverzüglich in die Sprechstunde gehen. Mir wurde der Puls gemessen, ein EKG durchgeführt und alle wichtigen Funktionen getestet. Alle Werte bewegten sich im grünen Bereich und langsam war der Spuk vorbei. Was war denn das? So etwas hatte ich in meinem Leben noch nie erlebt! Während des Anfalls verspürte ich regelrechte Todesangst. Ich verstand überhaupt nicht, was da so urplötzlich über mich hereingebrochen war. Der Arzt, der zu jener Zeit auch mein Hausarzt war, drückte mir zwei Beruhigungstabletten in die Hand und entließ mich nach Hause mit der Aufforderung, mich in der folgenden Woche wieder bei ihm zu melden. Ich konnte mich von diesem Schrecken nur schleppend erholen und hoffte, dieses Phänomen nie mehr erleben zu müssen.

Wie abgemacht, begab ich mich die Woche darauf nochmals zum Hausarzt. Er erklärte mir, dass die Symptome, die ich verspürt hätte, vom vegetativen Nervensystem ausgelöst worden seien und fragte mich, ob ich momentan mit ernsthaften Problemen zu kämpfen hätte. Ich verneinte. Auch sonst bedrückte mich zu dieser Zeit nichts. Er vermutete, dass sich hinter dieser körperlichen Reaktion eine Depression versteckte und würde mir Antidepressiva verschreiben, durch die es mir sofort besser gehe. Anfänglich müsse ich mit einer Verschlechterung der Symptome rechnen, fügte der Arzt hinzu, und in den ersten drei Wochen würden die Nebenwirkungen mir zu schaffen machen. Ich war gar nicht begeistert von der Idee, solche Medikamente zu schlucken. Er bemerkte mein Zögern und bat mich, es mir doch noch zu überlegen und nochmals in ein paar Tagen bei ihm vorbeizuschauen. Außerdem erwähnte er, kürzlich an einer Ärztekonferenz teilgenommen zu haben, während der die Psychiater die Hausärzte gerügt hätten, weil sie jeweils bei ihren Patienten viel zu spät mit den Kuren für Antidepressiva beginnen würden, fälschlicherweise erst dann, wenn die Beschwerden schon fortgeschritten seien. Also ging ich mit diesen Informationen nach Hause. Ich musste ehrlich gesagt gar nicht überlegen, weil ich standhaft bei meiner Meinung blieb, dass ich die Antidepressiva eh nicht nehmen werde. Ich schlucke prinzipiell keine Medikamente und wenn doch, dann nur in einem medizinischen wirklich notwendigen Fall. Zudem hatte ich das leidige Beispiel von meiner Mami vor Augen, die nie mehr von diesen Psychopharmaka loskam und es ihr trotz der Medikamente von Jahr zu Jahr schlechter ging. Ich fühlte mich überhaupt nicht depressiv. Ich hatte diesen einen komischen Anfall erlitten und erhoffte, dies würde sich nie wiederholen. So besuchte ich erneut meinen Hausarzt und teilte ihm mit, dass ich keine Antidepressiva nehmen werde. Er zeigte überhaupt kein Verständnis für meinen Standpunkt und ich musste sogar eine Erklärung unterschreiben, wonach ich mich geweigert hätte, die Antidepressiva einzunehmen. Er wollte sich absichern. Als ich mich von ihm verabschiedete, wusste ich, dass ich den Hausarzt wechseln werde, denn mein Vertrauen in ihn hat gelitten.

Leider manifestierten sich diese schrecklichen Symptome wieder. Da ich schon seit Jahren Autogenes Training machte, ging ich zu dem Psychologen, der mir das beigebracht hatte. Er staunte ab meiner Reaktion, einem Arzt zu widersprechen und eine Verweigerungserklärung unterzeichnet zu haben und half mir, mich mit Autogenen Übungen innerlich zu beruhigen. Ich war guter Hoffnung, dass sich mit der Zeit alles wieder legen würde. Dem war leider nicht so. Trotz meiner Psychohygiene kamen diese merkwürdigen Anfälle mit Herzrasen, Atemnot und Schwindel immer wieder und immer häufiger. So meldete ich mich bei einem anderen Hausarzt, den ich schon Jahre zuvor einmal besucht hatte. Er nahm sich viel Zeit für mich und versuchte zu verstehen, was mit mir los war. Die erste Besprechung dauerte über eine Stunde. Dr. Brändli – ich muss seinen Namen hier einfach nennen, weil er ein großartiger Arzt war und ihm Ehre gebührt – gab zu, dass es manchmal schwierig sei, sofort eine Diagnose zu stellen, aber wenn ich Geduld hätte, würden wir das zusammen schaffen. Es könnte sich jedoch um einen langen Weg handeln. Er wusste, dass ich keine Medikamente nehmen wollte und akzeptierte meine Entscheidung. Anstatt mir ein Rezept in die Hand zu drücken, schrieb er mir seine private Telefonnummer auf und sagte zu mir, dass ich ihn im Notfall jederzeit, Tag und Nacht, anrufen könne. Es übermannten mich noch weitere und heftigere Anfälle, aber nie habe ich Gebrauch von seiner privaten Nummer gemacht. Jahrelang habe ich seine Telefonnummer in meinem Portemonnaie aufbewahrt (ich habe sie heute noch!), allein dieses Wissen über eine mögliche Hilfe gab mir eine enorme Sicherheit. Dieser Arzt war immer für mich da. Das war tausendmal besser als jedes Antidepressivum.

Dr. Brändli hat im wahrsten Sinn des Wortes den Menschen als ganzheitliches Wesen wahrgenommen, wollte die

Lebensgeschichte eines jeden Patienten kennen. So konnte er sich ein gesamtes Bild von dem Menschen machen, den er vor sich hatte. Mit viel Feingefühl wusste er die Beschwerden mit jeder Geschichte zu verknüpfen und versuchte zu verstehen, warum gerade diese Person unter einer bestimmten Krankheit litt. Dr. Heinrich Brändli kannte auch meine Geschichte: Er wusste, dass ich als Baby adoptiert worden bin und dass ich immer noch unter der Autorität meiner Mami litt. Die meisten Ärzte brauchen immer ein Röntgenbild, einen Ultraschall oder ein CT, ohne diese Verfahren trauen sie sich keine Diagnose zu. Der gesunde Instinkt, die Intuition, ist völlig verloren gegangen. Nicht so bei Herrn Dr. Brändli.

Da sich die Anfälle wiederholten, war ich häufig in der Sprechstunde bei ihm, über Jahre. Er versuchte mich immer zu beruhigen, und die langen Gespräche mit ihm halfen mir wirklich, auch wenn ich nicht genau erklären kann, wie und warum. Er sagte mir, dass diese Anfälle mit meiner Lebensgeschichte zu tun hätten. Damals verstand ich den Zusammenhang aber nicht wirklich, erst Jahre später sah ich klarer. In dieser sehr schwierigen und für mich unsicheren Zeit, in der ich nie wusste, wann der nächste Anfall kam, habe ich intensiv Tagebuch geführt und kann jetzt vieles rückblickend daraus entnehmen.

Alles fing im Jahre 1997 an, also vor genau 20 Jahren, als ich 39 Jahre alt war. Als es mir wieder gut ging, habe ich zwischendurch etwas aus meinem Tagebuch gelesen und ich muss zugeben, dass es eine ganz schlimme Zeit für mich war. Nach außen versuchte ich, so normal wie möglich zu wirken, aber innerlich litt ich extrem. Was ich hier schreibe, kann ich meinem Tagebuch entnehmen, so detailliert wüsste ich es jetzt nicht mehr. Nur noch die damit verbundenen schrecklichen Gefühle sind immer noch sehr präsent.

Als ich in dieser Krisenzeit erneut einmal notfallmäßig zum Hausarzt musste, nahm er sich wieder fast eine Stunde Zeit. Ich erklärte ihm, dass ich wieder dieses Gefühl der Ohnmacht hatte, dass ich meinen Körper nicht mehr spürte. Er erklärte mir, dass dieses Gefühl aus einer tiefen Angst heraus komme und dass das „Sich-nicht-mehr-Spüren" ein wenig wie der Tod sei. Und tatsächlich fühlte es sich für mich an, als wenn ich gleich sterben würde. Aus diesem Grund hatte ich immer das Bedürfnis, mich sofort zu bewegen, damit ich mich wieder spüren konnte. „Jede Angst, jeder Hilferuf braucht Nähe: Jemanden, der einen in die Arme nimmt, umarmt", sagte Dr. Brändli. Er hat mir mit seinen Gesprächen Nähe gegeben und Vertrauen vermittelt. Vielleicht, meinte er zu mir, hätte ich als Baby unbewusst geschrien „Nehmt mich in den Arm, haltet mich fest, umarmt mich!", und es wurde mir leider nicht erfüllt. Um diese Aufmerksamkeit zu erlangen, sei ich als Kind immer krank gewesen. Er fügte hinzu, dass es auch für ihn interessant sei, über diese Themen zu reden, und dass es mir helfen würde, Schritt für Schritt meine Symptome zu verstehen. An diesem Tag sagte er auch zu mir, dass es auch Medizin sein, über persönliche Probleme zu sprechen. Medizin bestehe nicht nur daraus, Medikamente zu verschreiben und Operationen durchzuführen. „Sie sind sicher nicht zufällig hier", schloss er das Gespräch ab. Wenn ich dies heute wieder lese, weiß ich, dass er der beste Arzt war, dem ich begegnen konnte.

Meine Midlifecrisis manifestierte sich nicht, wie es so üblich ist, mit einer gewissen Unzufriedenheit oder einer Perspektivlosigkeit sowie mit der Suche nach etwas Neuem, sondern es zeigten sich bei mir in erster Linie körperliche Symptome. Man kann mehr von einem Auftauchen des in der Kindheit erlebten Traumas sprechen. Doch bis ich das so verstanden habe, vergingen Jahre. Ich nenne diese Zeit Midlifecrisis, weil sie mitten in meinem Leben auftauchte.

Ich litt also unter diesen mir nicht erklärlichen Anfällen, hatte einen hervorragenden Arzt gefunden, aber eine Diagnose hatte ich noch immer nicht. Für diese körperlichen Störungen gab es anscheinend keinen Namen, dachte ich. Bis zu jenem Abend, an dem ich einen Beitrag in der Fernsehsendung „Quer“ verfolgte. Der Moderator, Röbi Koller, berichtete über Menschen, die unter Schwindelanfällen, Zittern, Herzrasen, Kribbeln und so weiter litten und ich erkannte auf einmal eine Parallele zu meinen Symptomen. Gespannt und mit gespitzten Ohren verfolgte ich den weiteren Verlauf der Sendung. Es gab offenbar auch noch andere Menschen, die unter diesen kuriosen Beschwerden wie ich litten. Es war also nicht bloße Einbildung! Das tat so gut und war sehr beruhigend zu wissen, dass ich nicht allein mit dieser Krankheit dastand. Und siehe da, die Krankheit hatte sogar einen Namen: Panikattacken. Ich hörte zum ersten Mal davon. Doch irgendwie klang dieser Ausdruck für mich unverständlich. Ich hatte doch keine Panik, ich musste mich doch nicht vor etwas fürchten oder davonrennen. Beim nächsten Arzttermin fragte ich Herrn Dr. Brändli, ob meine Symptome als Panikattacke bezeichnet würden. Er schmunzelte und fragte mich sogleich, ob ich die Sendung „Quer“ geschaut hätte. Ich bejahte. Daraufhin bestätigte er mir meinen Verdacht. Er wollte mir das nicht einfach von Anfang an an den Kopf werfen, sondern subtil vorgehen, da eine solche Diagnose schwer zu verstehen sei. So ein feinfühliger Arzt! Dr. Brändli erklärte auch, dass diese Ängste mit meiner Lebensgeschichte zu tun hätten. Diese Aussage hat er in den folgenden Jahren immer wieder bekräftigt. Verstehen und nachvollziehen konnte ich es wirklich erst Jahre später.

> *„Eine Frühtraumatisierung machen alle Pflege- und Adoptivkinder durch, die schon in einem sehr frühen Lebensalter, das heisst vor dem vollendeten dritten bzw. siebten Lebensjahr, von ihrer leiblichen Mutter getrennt werden.“* (Bonus, 2006)

Demnach war meine Lebensgeschichte die Ursache dieser Beschwerden. So begann ich, diese zu analysieren. Ich litt tatsächlich unter verschiedensten Ängsten, darunter etwa, verlassen oder nicht geliebt zu werden, schwer krank zu werden, zu versagen, Fehler zu begehen und die Zukunft nicht meistern zu können. Ich versuchte, diese Ängste mit positiven Autosuggestionen in den Griff zu bekommen. Das war ein langer Prozess, aber nach vielen Jahren hatte ich gelernt, mit den Panikattacken umzugehen. Mit der Zeit wusste ich genau, wie diese verlaufen. Sie tauchten meist aus dem Nichts auf und konnten sich bei jeder Begebenheit manifestieren. Die schrecklichen Symptome verstärkten sich so weit, bis sie quasi den Höhepunkt erreicht hatten, um dann langsam wieder abzuklingen. Ich hatte diese Attacken tausendmal überlebt, bekam nie einen Herzinfarkt und fiel auch nie in Ohnmacht. Folglich würden sie immer wieder aufhören, wie sie gekommen waren, sagte ich mir wie ein Mantra. Ich lernte, mit meinen Ängsten zu leben. Aber sie waren trotzdem sehr unangenehm. Und tatsächlich, mit den Jahren wurden sie immer seltener und weniger akut. Während dieser langen Zeit habe ich weiter gearbeitet und mich immer durchgebissen. Das ist meine Art. Niemandem hätte ich je verraten, dass ich unter Panikattacken litt. Ich wollte nicht in eine Schublade gesteckt werden. Lediglich mein Mann wusste darüber Bescheid, und nur dank seiner großen Unterstützung konnte ich diese schwere Zeit überstehen. Er sagte immer wieder: „Es kommt schon wieder gut!“. Im Nachhinein wurde mir voll bewusst, dass bestimmt viele andere, die dasselbe durchgemacht haben wie ich, mit Psychopharmaka vollgestopft wurden oder sich jahrelang in der Psychiatrie therapieren lassen mussten. Sie hatten nicht das Glück, einem so sensiblen Hausarzt zu begegnen, welcher die beste Medizin anbieten konnte, die es gibt: uneingeschränkte Aufmerksamkeit und Verfügbarkeit, verbunden mit viel Empathie und Sensibilität.

Mit der Zeit kamen bei mir leider noch massive Schlafstörungen dazu. Jede Nacht erwachte ich ganz plötzlich um 3 Uhr und konnte nicht mehr einschlafen. Ich wollte partout keine Schlaftabletten schlucken und versuchte wieder, mit Autosuggestion den Schlaf zu regulieren.

Das erforderte von mir viel Geduld und Durchhaltewille.

Ich ging immer noch alle paar Monate zu Herrn Dr. Brändli in die Sprechstunde. Wir redeten viel über mein Leben und meine Vergangenheit. Er hatte das Gefühl, dass ich immer noch angespannt sei, so dass ich mich nicht fallen lassen könne. Da hatte er recht. So berichtete ich ihm, dass ich auf den ersten Fotos bei meiner Adoptivfamilie immer meine kleinen Hände zu Fäusten geballt hätte. Er hatte das Gefühl, dass es bei mir noch Knöpfe gab, die gelöst werden müssten. Und das war definitiv so, er hatte das richtig erkannt! Bei einem dieser Gespräche empfahl er mir auch einmal, zu einem Psychologen zu gehen, um meine ganze Lebensgeschichte zu erzählen und diese dadurch zu verarbeiten. Das machte ich dann auch. Zugleich sagte mir der Doktor, ich solle mir aber nicht zu viele Illusionen machen, denn man könne seine Anlagen nur schwer ändern und der Prozess ginge sehr langsam vor sich. Man müsse viel Geduld haben, das sei das Wichtigste, was er mir mitgeben möchte. Man kann die eigene Geschichte nicht löschen, es ist besser, wenn man sie akzeptiert, sich mit ihr versöhnt.

Also entschied ich mich auf sein Anraten hin, einen Psychologen aufzusuchen, eigentlich mehr unter dem Vorwand, dass ich nicht wüsste, wie mit den Depressionen meiner Mami umzugehen. Diese verstärkten sich gerade zu jener Zeit. Ich hatte das Glück einem einfühlsamen Therapeuten zu begegnen, der die Angewohnheit hatte, all seinen Patienten einen Übernamen zu geben. Da ich laut ihm die absolute höchste Sensibilität besaß, die man nur haben konnte, nannte er mich „Seelenprinzessin". Zugegeben, der Name gefiel mir auch. So erzählte ich ihm Schritt für Schritt meine Lebensgeschichte. Die Depressionen meiner Mami wurden bald zur Nebensache. Er merkte gleich, dass der autoritäre Stil meiner Mami immer noch einen großen Einfluss auf mich hatte. So erzählte ich ihm von ein paar Ereignissen. Der Psychologe war entsetzt und litt mit mir. Ich ging etwa sechs Mal zu ihm und sprach über meine Biografie. Eigentlich gab er mir keine großen Ratschläge, hörte mir aber aufmerksam zu. Ich konnte das erste Mal meine ganze Lebensgeschichte jemandem anvertrauen. Es tat mir so gut, zu spüren, dass ich ernst genommen wurde.

Diese Gespräche liegen nun etwa 20 Jahre zurück. In der Zwischenzeit erging es mir immer besser. Die Panikattacken wurden seltener. Ich musste aber ständig auf der Hut sein, da sich immer wieder Krankheiten in irgendeiner Form meldeten. Das konnten zum Teil sehr gravierende, aber auch nur ganz unbedeutend erscheinende Symptome sein. Das alte Muster wiederholte sich, obwohl ich nun die Aufmerksamkeit bekam, die ich benötigte. Doch die Ursachen waren tief in mir festgefahren und die Hochsensibilität spielte auch immer wieder mit. Erst heute verstehe ich, weshalb alles so verlaufen ist und begreife die Bedeutung der Worte von Herrn Dr. Brändli. Als ich mich jetzt speziell für dieses Buch intensiv mit dem Thema Adoption auseinandergesetzt habe, decken sich meine Erlebnisse mit den Äußerungen von Fachspezialisten.

> *„Das Erleben des Traumas ist so entsetzlich und so übermächtig, dass es dem Bewusstsein nicht zugänglich gemacht werden darf. Das Bewusstsein über das Trauma würde den betreffenden Menschen umbringen. Deswegen wird das traumatische Erleben vom Bewusstsein abgetrennt und vom Betroffenen in die Tiefe seiner Seele in eine abgeschlossene Seelenprovinz verbannt. Dort strebt es aber nach wie vor immer wieder an die Oberfläche, um vom Bewusstsein verarbeitet werden zu können. Erst dann könnte es sich auflösen.“* (Bonus, 2008)

Mein erlebtes Trauma durch die frühe Trennung von meiner leiblichen Mutter war im Rahmen der Midlifecrisis wieder aus der Tiefe an die Oberfläche aufgetaucht. Die psychische Trennung begann eigentlich schon während der Schwangerschaft, denn meine leibliche Mutter hatte sich bereits während der Schwangerschaft entschlossen, mich wegzugeben. In einer solchen Phase vermeidet es eine Mutter in der Regel, eine Bindung entstehen zu lassen, denn der Schmerz einer Trennung könnte für sie dadurch unerträglich werden.

Als meine leibliche Mutter erfahren hat, dass sie schwanger war, war das für sie sicher kein freudiges Ereignis, sondern ein Problem mehr. Sie war geschieden und hatte bereits drei Kinder, die sie durchfüttern musste. Während der ganzen Schwangerschaft muss sie sich konstant Sorgen gemacht haben, wie das mit ihr und ebenso mit mir weitergehen soll. Sie stand allein da, nachdem sie erfahren musste, dass ihre neue Bekanntschaft – mein leiblicher

Vater – bereits verheiratet war. Noch ein weiteres Kind in einem Heim, das musste wohl eine schreckliche Vorstellung gewesen sein. Den Geliebten wollte sie aber auch nicht belasten und sein Familienidyll zerstören. Ob er weiß, dass er noch eine Tochter auf diesem Planeten hat, die er noch gar nicht kennt und schon gar nicht gesehen hat? Sicherlich hat meine Mutter mir auch ihre Ängste und ihre Sorgen bereits im Mutterleib übertragen.

In einem Seminar, das ich besuchte, praktizierten wir tiefe Meditationsübungen. Eine dieser Übungen bestand darin zurückzugehen, wenn möglich bis zum vorgeburtlichen Stadium. Ich konnte mich in dieses Stadium zurückversetzen und spürte, dass ich kein Wunschkind war. Ich hatte sogar das Gefühl, dass meine leibliche Mutter mich insgeheim abtreiben wollte und sah mich im roten Blut schwimmen. Vielleicht war es auch nur ein Abtreiben in Gedanken, aber jedes Ungeborene bekommt die Gefühlswelt der Mutter mit und ihre Gedanken drangen sicher bis zu mir. Es müssen für mich neun Monate des Schreckens gewesen sein, doch mein Überlebenswille war eindeutig stärker. Und dann war ich da. Ich erblickte das Licht der Welt, wusste aber noch nicht, ob es für mich je einen guten Platz auf dieser Erde geben würde. Meine leibliche Mutter war noch unentschlossen, was sie mit mir machen wollte. Ihre Liebe und Fürsorge sowie ihre Gedanken zu mir waren sicher nicht dieselben wie bei einem freudig erwarteten Wunschkind.

Bis zum Zeitpunkt der Geburt ist ein Kind wie verschmolzen mit seiner Mutter, sie sind eins. Als Baby im Mutterleib hört es immer wieder die vertraute Stimme der Mutter. Durch die Nabelschnur wird es von ihr ernährt und erlebt die leibliche Mutter und sich selbst als eine untrennbare Einheit. Nach der Geburt gibt die Anwesenheit der leiblichen Mutter dem Neugeborenen Lebenssicherheit und Gefühlssicherheit. Denn in der Nähe der Mutter fühlt sich das Kind in wirklich vertrauter Umgebung. Es kennt die spezifische Art und Weise der Mutter. Ihre Stimme, ihren Geruch, ihr Temperament, ihr Herzschlag sind dem Kind sehr vertraut. Das Kind braucht die Mutter zum Überleben.

Gerade in dieser heiklen Phase kam die abrupte Trennung: Während der Bedenkzeit meiner leiblichen Mutter wurde ich in einem Kinderheim platziert. Für ein Neugeborenes ist das eine höchst traumatische Erfahrung. Ein Teil von sich selbst ist verloren gegangen. Wo ist jetzt der Mensch, dessen Stimme, dessen Geruch, dessen Regungen, der mir im Mutterleib und gleich nach der Geburt so vertraut war? Unsicherheit, Ohnmacht, ja sogar eine Todesangst nimmt Platz. Als Neugeborenes kann man eine solche Situation nicht mit tröstenden Worten beruhigen. Man kann das nicht wie ein Erwachsener, der mit einem dramatischen Ereignis konfrontiert ist, gedanklich verarbeiten. Als Neugeborenes hat man nur Empfindungen, und diese müssen für mich sicher schrecklich gewesen sein.

Für Therapeuten und Wissenschaftler ist es inzwischen klar, dass eine frühe Trennung von der Mutter eine traumatische Erfahrung ist. Früher ging man davon aus, dass diese Trennung bei einem Neugeborenen keine Spuren hinterlässt und schnell wieder vergessen ist. Hirnforscher, Neurobiologen und Kinderpsychologen haben inzwischen in zahlreichen Studien aufgezeigt, wie stark bereits die Erfahrungen im Mutterleib das Denken und Fühlen eines Kindes prägen. Der deutsche Neurobiologe Gerald Hüther und die Psychotherapeutin Inge Krens haben in ihrem Buch „Das Geheimnis der ersten neun Monate" dazu berichtet: „Obwohl wir uns nicht an vorgeburtliche Erlebnisse erinnern können, scheinen sie doch tief in unseren Körpern und Seelen verwurzelt zu sein." Kindern lernen bereits vor der Geburt, sammeln Erfahrungen über ihre Lebenswelt und verankern diese im Gehirn. Erlebt die Mutter Stress, ändert sich die Herzfrequenz des Fötus wie auch sein Bewegungsmuster. Bleibt das Kind nach der Geburt mit der Mutter, ist ihm vieles schon vertraut: ihre Stimme, ihr Herzschlag, ihr Geruch. Wird das Neugeborene gleich nach der Geburt von der Mutter getrennt, verliert es die Vertrautheit zu seiner ersten und bis dahin einzigen Bezugsperson in seinem Leben. Diese Vertrautheit ist für die geistig-seelische Gesundheit des Kindes genauso wichtig wie die regelmäßige Fütterung. Durch eine frühe Trennung verliert das Kind sein Vertrauen, durch eigenes Zutun Einfluss auf sein Schicksal nehmen zu können. Traumaforscher gehen davon aus, dass im Extremfall ein Neugeborenes sogar sterben kann: Es igelt sich ein, schreit nicht mehr, verweigert die Nahrung und stirbt schlussendlich. Hirnforscher sind auch davon überzeugt, dass die frühe Trennung die Hirnentwicklung beeinträchtigt. Je jünger das Kind beim Zeitpunkt der Traumatisierung ist, desto größer ist die Gefährdung. Das Trauma hinterlässt Spuren in der Psyche bis ins Erwachsenenalter und kann später zu einem beeinträchtigten Selbstwertgefühl und einer Verletzlichkeit führen. Die Wunden der Trennung können nie ganz geheilt werden und sich bei belastenden Ereignissen wieder öffnen.

Nach der traumatischen Trennung von der leiblichen Mutter kam ich ins Kinderheim. Mein Aufenthalt dort dauerte ca. vier Wochen, bis meine leibliche Mutter sich dann entschloss, mich zur Adoption freizugeben. Was ich während jener Zeit erlebt habe, weiß ich nicht. Sicher bekam ich nicht die Zuwendung und Geborgenheit, wie sie ein Wunschkind erhält, das in der Nestwärme seiner Familie leben darf. Im Kinderheim gibt es keine feste Bezugsperson, sondern viele Betreuer, was mir sicher nicht die Angst und Ohnmacht über die verlorene Mutter nehmen konnte. Zudem gibt es viele andere Kinder, die betreut und gefüttert werden müssen. In meinen Akten, die ich erst 57 Jahre später zu lesen bekam, stand als einziger kleiner Kommentar seitens des Kinderheims: „Helga ist ein sehr liebes Kind, nur wenn ihr etwas nicht passt, schreit sie los wie kein zweites“. Haben mich die Betreuer/innen dann immer in den Armen gehalten und Trost gespendet? Das werde ich wohl nie erfahren.

Bevor ich zu meinen Adoptiveltern kam, wurde ich ein weiteres Mal fremdplatziert. Es war damals so vorgesehen, dass das Kind in einer Übergangsfamilie untergebracht wurde, bis die leibliche Mutter ihr Einverständnis zur Adoption gab und alle Formalitäten erledigt waren.

Somit erlebte ich eine erneute Trennung von einem Ort und von Menschen, in die ich langsam Vertrauen hätte schöpfen können. Wieder war ich der Ohnmacht und Todesangst ausgesetzt. Plötzlich und für ein so kleines Kind vollkommen unerklärlich wiederholte sich die traumatische Trennung. Erneut ist alles verschwunden und wird durch neue Begebenheiten ersetzt. Was man mir damals zugemutet hat, konnte nicht ohne Folgen bleiben. Aus Sicht von Experten kann sich das Trauma durch Krankheiten, Schreien oder später mit Ängstlichkeit bemerkbar machen. Daraus können nur Ängste entstehen.

> *„Häufig ist es wirklich ein Wunder, was die Kinder alles an Fähigkeiten retten konnten, trotz eines kaum zu ertragenden Schicksals!“* (Bonus, 2008)

> *„Der äussere Schein trügt häufig massiv, denn die Kindheitskräfte, die mit ihrer Positivität alles überlagern können, was dem Kind zustösst, wiegen uns oft in dem Glauben, dass das Kind alles unbeschadet überstanden hat. Ob das wirklich so ist, wird man erst im Laufe der Zeit erfahren, vielleicht aber auch erst in der Pubertät sehen oder vielleicht nie, da das Kind das Problem später lediglich in sich trägt und nur selbst darunter leidet, ohne es in Worte fassen zu können oder äusserlich aufzufallen.“* (Bonus, 2006)

> *„Trotz aller innerer seelischer Schmerz und aller Verwirrung in diesem kleinen Seelenleben des Neu-*

> *geborenen, lässt es sich wieder auf eine neue Beziehung ein, was ein kleines Wunder ist.*" (Bonus, 2006)

Es ist unbestritten: all diese Trennungen prägen. Die Pubertät verlief bei mir ziemlich heftig, aber niemand hat mir je erklärt, dass für ein Adoptivkind diese Zeit extrem schwierig ist, weil es seine Identität kaum finden kann, es kann sich in niemandem spiegeln.

Später, mit etwa 35 Jahren, durchmachte ich eine kleine Midlifecrisis. Hier stand mir aber ein hervorragender Hausarzt zur Seite, der gleich erkannte, dass mein Gefühl, den Boden unter den Füßen zu verlieren, mit meiner Lebensgeschichte zu tun hatte. Mit viel Einfühlungsvermögen und Verfügbarkeit stand er mir zur Seite, bis die Krise überstanden war (ohne Medikamente!). Dank seiner Hilfe wurde mir vieles erspart.

Ich denke, dass auch meine genetischen Anlagen nicht so schlecht sind und ich mit einer guten psychischen Widerstandskraft ausgestattet bin. Das regelmäßige Praktizieren von Autogenem Training, verbunden mit positiven Autosuggestionen, hat mir sehr viel geholfen, diese schwierige Zeit durchzustehen. Ich selber bevorzuge Methoden, die man eigenständig praktizieren kann und damit nicht zu fest in die Abhängigkeit eines Therapeuten gelangt; Methoden, die man immer mit dabei hat und überall anwenden kann. Es ist wichtig, dass man sich den Ängsten stellt und sie nicht verdrängt. Manchmal ist auch professionelle Hilfe nötig. Hypnose oder Selbsthypnose sind auch sehr bewährte Methoden, um in die unbewussten Schichten vorzudringen und Heilung und Veränderung zu bewirken.

Hypnose und Hypnosetherapie gehören zu den ältesten überhaupt nachweisbaren Therapieformen der Menschheitsgeschichte. Schon in der griechischen Antike waren sie bekannt. In der Hypnosetherapie kann durch Trance die kritische Instanz ausgeschaltet und ein direkter Zugang zum Unterbewusstsein hergestellt werden. Es ist bekannt, dass bis zu 95 % von allem Erlebten im Unterbewusstsein abgespeichert ist. So auch unsere Ängste, die durch ein Trauma entstanden sind. Gelangt man zum Unterbewusstsein, so kann man es neu programmieren, bis das Trauma allmählich seine Intensität verliert oder sich ganz auflöst. Dies sind alles Methoden ohne Nebenwirkungen. Oder noch besser formuliert: nur mit positiven Nebenwirkungen!

Und nicht zuletzt mit dem Schreiben dieses Buches habe ich wirklich verstanden, wieso es zu dieser Midlifecrisis gekommen ist. Ich habe viele Aussagen von Adoptierten gehört, die, genau wie ich, ebenfalls phasenweise unter Angststörungen und Panikattacken gelitten haben.

Es ist aber möglich, aus einer solchen Krise gestärkt herauszukommen. Es braucht viel Geduld, Selbstdisziplin, Glaube an sich selbst und eine positive Lebenseinstellung.

Wie es zu diesem Buch kam

„Regula, Du kannst ganz vielen helfen. Doch lasse auch du dich einfach geschehen. Herzlichst, Gabriel". Das war der Auslöser, diese Worte gaben mir den endgültigen Impuls. Bei einem Vortrag von Gabriel Palacios habe ich sein neuestes Buch gekauft und ihn gebeten, es mir zu signieren. Er hat es nicht einfach nur signiert, sondern schrieb mir diese wunderschöne Widmung. Ich wusste gleich, dass diese eine besondere Kraft in sich hatte. Ich ließ sie auf mich wirken.

Ja, ich muss mich einfach geschehen lassen – und es wird sich dann etwas offenbaren. Ich las die Widmung immer wieder. So kam es, dass ich einige Tage später ganz plötzlich wusste, was ich machen musste. So klang es in meinem Kopf, ich war mir nun sicher: Ich werde ein Buch über mein Leben schreiben und es in einem Verlag veröffentlichen lassen. Genauso notierte ich es auf einem Blatt Papier. So hochmutig bin ich sonst überhaupt nicht, im Gegenteil! „Du bist ja völlig eingebildet! Hast du den Größenwahn? Wer wird sich schon für deine Geschichte interessieren?", ertönte es später in meinen Gedanken.

Ich spürte sofort helle Begeisterung, fing sofort an zu schreiben. Den ganzen Tag hindurch kamen mir immer wieder neue Themen, über die ich berichten und ich in meinem Buch integrieren konnte. Aber jetzt noch von ganz vorne, der langjährige Prozess, der mich so weit brachte.

Schon lange hegte ich den Wunsch, etwas Neues in meiner Freizeit zu machen, was mich total erfüllen würde. Vielleicht eine wohltätige Aufgabe? Ich suchte auch nach meinen inneren Wünschen, nach meinen Stärken und Begabungen. Da ich meine Wurzeln und meine Anlagen nicht wirklich kannte, wusste ich ja nicht, was alles in meinen Genen steckte. Diese Suche war sicherlich auch ein Antrieb. Mir war nicht bekannt, welche Talente aufseiten meiner leiblichen Verwandtschaft vorhanden waren. Ich konnte mich in niemandem widerspiegeln. Meine Lebensaufgabe sah ich darin, Tieren zu helfen. So suchte ich auch stets bewusst danach. „Ganz vielen helfen“ könnte man ja auch auf Tiere übertragen, überlegte ich mir. Doch es zeigte sich dann bald, dass das Helfen doch vorerst für die Menschen bestimmt war.

Dieses Stichwort „ganz vielen helfen“ erinnerte mich plötzlich auch an eine Begegnung mit einem Psychologen, der mit Astrologie arbeitete und den ich vor Jahren ein einziges Mal konsultiert hatte. Damals war ich etwa 33 Jahre alt. Als ich ihn aufsuchte, war ich an einem Punkt meines Lebens angelangt, an dem ich beruflich etwas Neues wagen wollte. Ich hatte im Erwachsenenalter begonnen, die Matura nachzuholen, doch es fehlte ein klares Ziel, wie es danach letztendlich weitergehen konnte. Ich musste extrem viel Energie investieren und war mir nicht ganz sicher, ob dies der richtige Weg für mich war. Der Psychologe sagte zu mir, dass eine Matura allein mir nichts bringen werde. Ich sollte mehr meine Stärken und Qualitäten einsetzen und die lägen eindeutig im psychologischen Bereich. Er erkannte in mir eine so hohe Sensibilität, die selten anzutreffen sei, und riet mir, eine Praxis für therapeutische Gespräche zu eröffnen. Die Liebe zu den Tieren und zur Kunst sei bei mir ebenfalls sehr ausgeprägt. Außerdem hätte ich offensichtlich ein Talent für Sprachen und könnte vielleicht eine Ausbildung in diese Richtung machen. Und so habe ich dann später, nachdem ich bereits eine Anstellung als Übersetzerin und Dolmetscherin innehatte, ein Übersetzerdiplom in den Sprachen Deutsch/Italienisch im späten Alter von 50 Jahren erworben. Diese Ausbildung absolvierte ich in St. Gallen, meinem Geburtsort.

Bevor ich mit dem Schreiben dieses Buches begann, erinnerte ich mich zudem noch an eine frühere Widmung von Gabriel Palacios. Sie hat mich immer wieder dazu angeregt, mich zu hinterfragen, was noch alles in mir stecken könnte. In seinem Buch „ICH SEHE DICH" schrieb er mir im Jahre 2012: „Für Regula! Alles Liebe, Gabriel. „ICH SEHE DICH". Ich wusste, dass er mir etwas Tiefes sagen wollte, ich spürte auch hier die Kraft dieser Worte und las seine Widmung immer wieder. Sah er etwas in mir, was ich noch nicht entdeckt hatte/sehen konnte? In den vergangenen vier Jahren zwischen der ersten Widmung und dem Schreiben dieses Buches kamen noch viele andere Ereignisse hinzu.

So bekam ich immer wieder Anregungen und Zeichen, die mich in meiner Suche weiterbringen sollten. Da ich schon seit Jahren mit Autogenem Training und Autosuggestionen vertraut bin, habe ich immer wieder in meinen Vertiefungen nach einer Vision, nach einer Lebensaufgabe gesucht. In dieser Zeit bot sich für mich die Gelegenheit, wieder einmal an einer Seminarwoche des Psychologen Dr. Hermann Schmidhauser (eine Kapazität auf seinem Gebiet) in Arosa teilzunehmen. Das war nicht mein erstes Treffen mit ihm, aber dieses Mal war ein starker Wunsch in mir, ein klares Ziel für meine Zukunft erkennen zu können. Ich hatte keine Ahnung, in welche Richtung es mich treiben würde.

Wir machten täglich Autogenes Training mit Vertiefungen. Ich wollte eine Vision, das spürte auch der Kursleiter. Schon bald offenbarte sich mir ein Bild, das sich immer wiederholte. Es war ein Adler, der weit oben kreiste. Ich sah ihn mit der Zeit immer deutlicher, er hatte einen Füllfederhalter im Schnabel. Es war ein schönes Bild, doch ich konnte es nicht deuten. Zu einem späteren Zeitpunkt erklärte mir der Seminarleiter, dass das Symbol des fliegenden Adlers ein positives Symbol sei, es bedeute „auf Gewinn gerichtet". Das muss nicht unbedingt ein materieller Gewinn sein, sondern kann vielmehr auf einen seelischen Gewinn hinweisen.

Zuhause stieß ich fast zufällig in meiner Agenda auf einen kleinen Eintrag, den ich zwei Jahre zuvor gemacht hatte: „Mein Mann sagt zu mir, ich soll doch ein Buch über mein Leben schreiben". In diesem Moment habe ich realisiert, dass das etwas mit meiner Vision zu tun haben könnte.

Es vergingen zwei Jahre. Die Vision ließ mich nicht mehr los, der Adler tauchte immer wieder auf, samt Füllfederhalter. Später kamen auch noch Bücher hinzu. Und immer wieder suchte ich nach der klaren Bedeutung meiner Vision. Das letzte Mal, als mir der Adler erschien, übergab er mir den Füllfederhalter.

Langsam realisierte ich, dass der Füllfederhalter etwas mit Schreiben zu tun haben könnte. So fing ich an, meine Familiengeschichte aufzuschreiben. Meine Mami war kürzlich gestorben und ich wollte die Erinnerungen und Geschichten meiner Adoptiveltern festhalten. Es sollte ein Büchlein sein, das nur für meine Familie und meine Nachkommen bestimmt war. Ich hatte auf keinen Fall vor, ein Buch zu schreiben, das veröffentlicht wird. Meine ursprüngliche Idee bestand darin, eine Chronik über meine Familie, die Giacomettis, die als Zuckerbäcker nach Rom ausgewandert waren, zu verfassen. Das war der Startschuss meiner Vision. Der Adler hatte mir die Inspiration dazu gegeben, erscheint er doch als Symbol im Wappen der Familie Giacometti. Doch ich kam nie richtig vorwärts. Meine Rolle in der Familie war mir nicht ganz klar, ich kam ins Wanken.

Im Ganzen vergingen etwa vier Jahre nach der ersten Widmung Gabriel Palacios und der Vision mit dem Adler, bis ich mit dem Schreiben begann. Doch alles kommt zur richtigen Zeit, man muss dem Leben Zeit lassen. Nun wollte ich wissen, was die Worte von Gabriel, „Ich sehe dich", zu bedeuten hatten, und was der Grund war, weshalb er mir diese Worte geschrieben hat. Ich entschied mich, seine Homepage zu besuchen und musste feststellen, dass er in der Zwischenzeit ein Hypnosezentrum in Bern eröffnet hatte, er aber bereits schon so ausgebucht war, dass man keine Termine bei ihm persönlich vereinbaren konnte. Schade, ich hatte wieder einmal zu lange gewartet! Der Zufall wollte es – ein Zufall, den ich als Fügung des Schicksals bezeichnen kann –, dass am 11. Oktober 2016 eine Lesung aus dem neu erschienenen Buch von Tanja Gutmann, „Dem Leben so nah wie nie zuvor“, in Aarau stattfand. Einer inneren Stimme folgend, besuchte ich diese Veranstaltung. Zu meiner großen Überraschung war auch Gabriel Palacios dabei. Er interviewte Tanja Gutmann. So packte ich die Gelegenheit beim Schopf, fasste all meinen Mut zusammen und sprach Gabriel Palacios nach der Vorlesung persönlich an. Ich teilte ihm mit, dass seine Widmung, die er mir in sein erstes Buch geschrieben hatte, mich nicht mehr losließ. Allzu gerne wäre ich zu ihm in eine Sitzung gekommen. Er notierte gleich meine Handy-Nummer und versprach mir, dass er mich kontaktieren würde. Er hielt sein Versprechen. Da ich seine Anrufe immer wieder als lästige Anrufe eines Callcenters vermutete und lange gar nicht erst abnahm, verging einige Zeit, bis ich einen Termin auf den 31. Januar 2017 festlegen konnte, das heißt erst drei Monate später. Bis dahin würde sich noch einiges tun, von dem ich noch nichts ahnte.

Zwischen der Zusage für das Buch und der ersten Lesung kam es noch zu einem weiteren Treffen mit Gabriel Palacios, der mir auch in sein zweites Buch eine Widmung schrieb, die mich weiter in meinem Vorhaben bestärkte: „Du kannst ganz vielen helfen“.

Ich wusste nun mit Sicherheit, dass das Buch meine Geschichte erzählen sollte. Nur dadurch konnte ich endlich zu mir finden. Als mir das klar war, ging alles sehr schnell. Schon ein paar Wochen später wurde ich auf einen Kurs, „Plötzlich Sachbuchautorin“, von Gabriel Palacios aufmerksam und meldete mich in allerletzter Minute an. Dabei erlangte ich sehr viele Informationen über den Aufbau eines Buches und dessen Vermarktung. Alles war für mich völlig neu. Aber umso spannender! Der interessante Kurs vermittelte mir das Grundgerüst für die Publikation eines Buches. Aufgrund der abgegebenen Unterlagen konnte ich mir ungefähr vorstellen, was auf mich zukommen würde und wie ich es angehen könnte. Eigentlich hatte ich gar nicht vor, meine Geschichte für die Öffentlichkeit zu publizieren. Aber dieser Kurs hat mich dazu animiert. So habe ich mein Exposé erstellt und eine liebe befreundete Lehrerin beauftragt, es zu lektorieren. Auch sie hat mich ermuntert, diesen Schritt zu wagen. Als sie mir den Text zurückgab, sagte sie zu mir: „Es hat mich total neugierig gemacht, ich möchte unbedingt mehr darüber lesen!“ So kam das „Plötzlich Sachbuchautorin“ wirklich sehr plötzlich!

Am 31. Januar 2017 habe ich mein Exposé persönlich an Gabriel Palacios vom Cameo Verlag übergeben. Es war genau der Termin, den ich drei Monate zuvor vereinbart hatte, um eben nun zu erfahren, was die erste Widmung „Ich sehe dich“ zu bedeuten hatte! Gabriel wollte mein Couvert erst später in aller Ruhe aufmachen, was für mich auch so stimmte. Am Schluss der Sitzung schenkte er mir noch den Aufsteller „Dein Weg in die Zufriedenheit“ mit einer Inspiration für jeden Monat und schrieb für mich: „Regula, du bist frei!“. Wieder wählte er Worte mit einem tiefen Sinn, denn diese erinnerten mich an den Adler, der frei am Himmel kreist und sich einfach geschehen lässt. Der Adler als Symbol für Freiheit. „Du bist frei“ war wieder ein Zeichen, dass mein Vorhaben das Richtige war. Frei sollte mich das Schreiben dieses Buches machen. Befreien von der Vergangenheit. Dadurch, dass ich Ereignisse in Form von Worten auf Papier bringe, muss ich nicht stets daran denken, mich nicht mehr mental beschäftigen und kann meine frei gewordenen Energien anders einbringen.

Jetzt hieß es, geduldig abzuwarten. Nach einem Monat wurde ich kribbelig und rief beim Verlag an, um zu erfahren, ob ich mir mit meinem Buchvorschlag überhaupt eine Chance ausrechnen könnte. Sie erklärten mir, dass sie leider noch keine Zeit gefunden hätten, um die Buchauswahl für den Herbst 2017 zu besprechen, aber sie würden sich bald melden. So vergingen nochmals ein paar Wochen, und als ich es gar nicht erwartete, kam der für mich Anruf. Am frühen Nachmittag vom 4. Juli 2017 klingelte das Telefon. Zuerst zögerte ich, weil auf dem Display eine Nummer erschien, die ich nicht gespeichert hatte und wieder einen dieser Werbeanrufe dahinter vermutete. Aber dieses Mal nahm ich trotzdem ab. Zum Glück! Denn es war Gabriel Palacios, der mir persönlich die frohe Botschaft überbrachte. Ich lauschte ganz aufmerksam und wollte mir jedes einzelne Wort merken, denn ich wusste, dass dies ein magischer Moment in meinem Leben war. Er sagte mir, dass das ganze Team des Cameo Verlags mein Buch für die Herbstausgaben einstimmig ausgewählt hätte. Ich hätte ein sehr gutes Konzept gemacht und der Titel sei sensationell, provokativ, aber auch aussagekräftig. Er müsste aber unbedingt geheim gehalten werden. Gabriel erklärte mir, wie es nun mit der Planung weitergehen werde. Vertragsunterzeichnung, Timeline, Vorschau, Fotoshooting, Lektorat, Produktion etc. Ich fragte mich ständig, und fragte auch Gabriel, ob ich träume oder ob es ein Traum war, der Wirklichkeit wird. Es sei doch ein Wachtraum, meinte Gabriel! Ich konnte kaum mehr aus diesem Wachtraum aufwachen, meine Gedanken kreisten stundenlang über das, was mir gerade mitgeteilt wurde. Ich jauchzte vor Freude, war total übermütig. Ich musste mich unbedingt bewegen. So unternahm ich einen langen Spaziergang am Waldrand und versuchte, meine Gedanken zu ordnen. Ich schrieb auch meine ersten Emotionen auf. Diesen 4. Juli 2017 werde ich in meinem Leben nie vergessen! Zudem schrieb mir später Gabriel, dass dieses Datum eine besondere Bedeutung hat: „Toll, dass ich Dir diese Nachricht am 4.4.17 (die Quersumme aus 17 ist 8, und 8 ist liegend symbolisch für die Unendlichkeit) überbringen durfte. Dein Buch darf in die Unendlichkeit eingehen.“ So ein tolles Omen!

Als die erste Euphorie ein wenig verfloss, kam auch eine gewisse Hemmung auf, ob ich überhaupt imstande wäre, ein gutes Buch zu schreiben. Ich verspürte großen Respekt vor dieser Aufgabe und es kamen Zweifel auf, ob ich wirklich fähig war, etwas zu schreiben, das das große Publikum interessieren würde. Mit der Unterstützung von Gabriel würde ich das schon schaffen, redete ich mir ein.

„Ich habe so viele Male mit meinem Schicksal gehadert, aber wenn ich das alles nicht durchgemacht hätte, könnte ich jetzt dieses Buch nicht schreiben. Danke, dass ihr mir diese Chance gebt, dass ihr an mich glaubt. Dieses Buch soll der Anfang sein. Es soll mein Herz und mein Geist für meine Lebensaufgabe öffnen. Es soll mein Wegweiser sein. Dies ist ein grandioser Moment in meinem Leben. Ein unbeschreibliches Glücksgefühl. Eine tiefe Dankbarkeit. Papi, Mami, Reto – ich halte auch eure Lebensgeschichte fest. Alles blüht um mich herum. Auch mein Herz ist voller Blüten. Ich geniesse diesen Augenblick. Es wird vielleicht auch Schattenmomente geben, wenn ich mich so ‚oute', aber ich bin stark, ich werde sie mit Bravour meistern. Ich spüre diesen unglaublichen Moment mitten in der Natur, als Teil der Natur. Die Kirschbäume blühen, die Vögel singen ihre schönsten Lieder und ich sauge alles in mich auf. So starke Momente gibt es wenige im Leben." Das schrieb ich an diesem Tag auf einer Bank am Waldrand.

Zehn Tage später trafen wir uns in Einsiedeln, ein Ort der Kraft, zur Vertragsübergabe. Es war eine tolle Begegnung mit Gabriel Palacios, bei der auch der Verlagsvertreter dabei war. Ich stellte viele Fragen, die mir geduldig beantwortet wurden. Als alles geklärt war, verabschiedeten wir uns und ich wusste nun, dass ich jetzt Gas geben musste.

Während der Entstehung des Manuskriptes war ich stets mit dem Verlag in Verbindung und fühlte mich bestens aufgehoben. Alles ist so harmonisch abgelaufen, irgendwie passte immer alles zusammen, es war eine wunderbare Zeit mit wunderbaren Menschen. Ich sehe es als eine Fügung von oben.

Wenn man seine Lebensgeschichte aufschreibt, befasst man sich intensiv mit allem, was man erlebt hat. Dadurch kommt vieles, was verborgen zu sein schien, wieder zum Vorschein. So viel Intimes von sich preiszugeben, braucht Mut, und ich fragte mich immer wieder, ob ich wirklich will, dass alle alles über mich erfahren. Aber ich spürte, dass es für mich wie eine Befreiung sein würde, ich würde frei sein von der Vergangenheit, die Knoten der Vergangenheit würden sich lösen. Man kann seine Lebensgeschichte nicht löschen, aber man kann versuchen, dass sie nicht mehr so viel Einfluss auf die Gegenwart nimmt. Erst durch das Schreiben sind mir gewisse Zusammenhänge bewusst worden, die mich immer weitergetrieben haben. Man versteht sich selbst besser, man weiß plötzlich, warum man das geworden ist, was man ist, warum man sich so entwickelt hat. Das Schreiben hat mich auch dazu bewogen, einige Fachbücher und Literatur über das Thema Adoption zu lesen, was mir viele neue Erkenntnisse gewährt hat. Ich habe die Tragweite erkannt, was es für ein Baby heißt, von seiner leiblichen Mutter getrennt zu werden. Es stimmte mich zeitweise traurig zu wissen, dass ich diese Verletzungen in mir trage, Verletzungen die für immer Narben hinterlassen. Ich verstehe jetzt, weshalb ich so bin, wie ich bin. Während man so ein Buch schreibt, durchläuft man viele emotionale Stadien. Man ist traurig über das eigene Schicksal, aber dann wieder unglaublich glücklich, dass man es so gut überstanden und sich gut entwickelt hat und die Traumata fast unbeschadet hinter sich lassen konnte. Das ist nicht selbstverständlich und längst nicht bei jedem Adoptierten der Fall. Viele haben Mühe, sich im Leben zurechtzufinden, sei es in der Schule, im Beruf und/oder im privaten Leben. Bei vielen Adoptierten kommt es zu einer Art Resignation.

Das Buch hat sehr viel von mir abverlangt. Ich durchlief zum Teil schmerzhafte Prozesse, aber die Beschäftigung damit empfand ich auch als total spannend und sehr lehrreich. Ich habe mich vertieft mit dem Thema Adoption und dem Adoptionsrecht befasst, vieles erfahren, das ich zuvor gar nicht wusste. Ich erlebte sogar einige Überraschungen. Durch meine Recherchen habe ich erkannt, was es wirklich bedeutet, adoptiert zu sein. Zudem hat mich die bewusste Auseinandersetzung mit meinem eigenen Leben ein großes Stück weiter gebracht. Durch das Schreiben dieses Buches ist mir bewusst geworden, dass auch mein Leben einen tieferen Sinn hat, dass alles so geschehen musste, wie es geschehen ist. Diese Zeit hat mir viele tolle Begegnungen beschert und tiefsinnige Gespräche mit wunderbaren Menschen geschenkt.

Dass ich die Gelegenheit bekommen habe, ein Buch zu publizieren, muss Schicksal gewesen sein. Ein hinduistischer Sinnspruch besagt: „Alles steht geschrieben“, mit der Bedeutung: Das Schicksal geht seinen vorbestimmten Weg. Wer empfänglich ist für solche Dinge, der versteht, was es bedeutet, seinem Schicksal zu folgen, seinen vorbestimmten Weg zu gehen. Mit dem Schreiben konnte ich zum Teil fast nicht mehr aufhören und finde es schade, dass das Buch fertig ist. Nur die Nebenwirkungen, verursacht durch das Wühlen in der Vergangenheit, waren ein wenig schmerzhaft. Aber es hat sich gelohnt. Ich bin sicher nicht mehr der gleiche Mensch wie vorher. Das Schreiben war für mich ein heilsamer Prozess, es hat mir den seelischen Frieden beschert.

Ich wünsche mir, dass mein Buch vielen helfen kann, insbesondere Adoptierten, sich besser zu verstehen.

Meine seelische Wiedergeburt, meine Identitätsfindung

„Das Leben ist eine Reise, die heimwärts führt."
(Herman Melville)

Erst mit der tiefen Auseinandersetzung, die dieses Buch bewirkt hat, habe ich wirklich zu mir gefunden, habe meine seelische Wiedergeburt erlebt. Durch das Schreiben meiner Geschichte kann ich sie nun loslassen. Ich habe mir schon immer viele Gedanken über mein Leben, über mein Schicksal, über die Adoption gemacht, aber so tief wie während des Schreibprozesses bin ich nie zuvor gelangt.

Einige Male wollte ich mit dem Schreiben dieses Buches wieder aufhören. Das Wühlen in der Vergangenheit, genau hinzuschauen, das tat zu fest weh. Das Aufschreiben meiner Biografie war ein schmerzhafter Prozess, aber letztendlich empfand ich ihn als erlösend. Ich erlebte die ganzen Emotionen nochmals und hoffte einfach, dass, wenn alles auf Papier steht, die Wunden endgültig verheilen. Während des Schreibens bekam ich oft Bauchschmerzen, gleich wie in meiner Kindheit. Ich ahnte, dass es die Auswirkung davon war, mich mit meiner Lebensgeschichte intensiv zu beschäftigen. Ich hatte die Wahl, entweder so weiterzuleben wie bisher, oder einen Versuch zu wagen, meinem

Leben eine Wende zu geben. Meine innere Stimme sagte mir, dass ich diesen letztgenannten Weg gehen muss, dass nur das Schreiben mich befreien kann. Das war mein Weg, den ich beschreiten musste, um meine innere Freiheit zu erlangen, um wirklich frei zu sein.

In diesem ganzen Prozess musste ich konstant gegen den inneren Schweinehund ankämpfen. Nein, kämpfen will ich nicht, sagte ich mir, ich nehme mich in Acht. Dieser innere Schweinehund versuchte mit allen Mitteln und Wegen, mich von diesem Projekt abzuhalten. Bauchschmerzen, Schwindelanfälle, Unsicherheit sowie die Angst, wohl vor den Auswirkungen meines „Outings“, begleiteten mich in dieser Schaffenszeit.

Während dieses Prozesses sah ich den Film „Lion“, die berührende Geschichte eines indischen Knaben, der von einer australischen Familie adoptiert wurde und später nach seiner Mutter suchte. Ein Lied des Soundtracks dieses Filmes heißt „Never give up“. Dieses Lied habe ich für mich als „Leitlied“ genommen und immer, wenn große Zweifel an meinem Projekt auftauchten, mich daran erinnert: „Gib nie auf!“.

Mein Leben war bisher stets von Ängsten geprägt. Durch die abrupte Trennung von der leiblichen Mutter ist mir das Urvertrauen verlorengegangen. Es ist bekannt, dass Adoptierte ein Leben lang unter der Angst, wieder verlassen zu werden, leiden. Die Angst, wieder abgelehnt und zurückgestoßen zu werden, verfolgt sie deshalb oft ein Leben lang.

Ich habe stets gegen diese Ängste gekämpft, was mir sehr viel Energie geraubt hat. Die Ängste sind mit den Jahren nicht minder geworden, im Gegenteil, sie haben sich tief in meinem Inneren verankert und ich hatte das Gefühl, dass ich mich nie von ihnen lösen könnte und dass diese Knoten zu alt waren, um sie lösen zu können. Aber wie heißt es so schön: „Alte Knoten sind spröde und lassen sich sogar besser lösen als neue." Diesen schönen Gedanken, dieses Bild wollte ich unbedingt für mich wahr werden lassen.

Erst im reifen Alter von 55 Jahren habe ich mich intensiv mit dem Thema Adoption befasst. Meine Eltern haben mir von Anfang an gesagt, dass ich adoptiert wurde. In dieser Hinsicht waren sie sehr fortschrittlich, auch nach außen haben sie es ganz offen kommuniziert. Und das war gut so. Nur meinem Bruder haben sie es zunächst vorenthalten, was verheerende Folgen hatte, denn so musste er es durch andere Kinder erfahren. Reto kam eines Tages weinend vom Spielplatz nach Hause: „Sie sagen, dass Regula nicht meine richtige Schwester sei! Das stimmt doch nicht?" Er erlitt einen kleinen Schock.

In Lugano, wo ich aufgewachsen bin, wussten natürlich alle, die uns kannten, dass ich adoptiert war. Nur ich selbst war mit dem Thema Adoption sehr zurückhaltend. Als ich in die deutsche Schweiz wechselte, hielt ich es nicht für nötig, dieses Detail aus meinem Leben an die große Glocke zu hängen. Nur wenige Vertraute wussten Bescheid über meine Adoption. Ehrlich gesagt hörte ich das Wort „Adoption" nie gern. Ich wollte immer nur das ganz normale Kind meiner Eltern sein und nicht ständig daran erinnert werden, dass ich aufgenommen wurde. Das tat mir weh. Und ich schämte mich auch ein wenig dafür, adoptiert worden zu sein. Dass mich meine leibliche Mutter weggegeben hatte, das konnte ich einfach nicht begreifen. Aber jetzt schäme ich mich nicht mehr, ich fühle mich als etwas Besonderes, denn meine Adoptiveltern haben mich unbedingt gewollt und auserwählt, sie mussten sich gegen andere Bewerber durchsetzen. Also war ich doch etwas Begehrtes!

Es war mir immer bewusst, dass mein Status nicht der Norm entsprach, doch ich war Teil einer Familie, die mich aufwachsen ließ wie ihr eigenes Kind. Was wollte ich noch mehr? Auch in „normalen" Familien ist das Leben nicht immer einfach, in jeder Familie kann es mehr oder weniger Probleme geben, tröstete ich mich stets. Ich wusste, dass ich nicht wirklich ein Teil der Familien meiner Adoptiveltern war, aber so empfand ich nur, wenn sich mal wieder die ganze Verwandtschaft traf. Dann musste ich feststellen, dass ich niemandem glich, keine ähnlichen Gesichtszüge oder besonderen Merkmale besaß. Mein Verhaltensmuster, mein Charakter konnte ich in niemandem wiederfinden. Ich konnte auch keine Talente von den Verwandten geerbt haben. Meine Eigenschaften ließen sich schwer erklären und konnten nicht dem Onkel oder der Großmutter zugeordnet werden. Umgekehrt hatte ich natürlich den Vorteil, dass ich bestimmte, als weniger positiv eingestufte Eigenschaften oder Gesundheitsprobleme mit Sicherheit nicht von den Familien meiner Adoptiveltern erben würde. Zumindest war ich froh, dass ich nicht unter den pathogenen Depressionen litt wie die Familie mütterlicher Seite. Es waren nur wenige Momente, in denen ich mir ein wenig als Außenseiterin vorkam, die ich jedoch gut wegstecken konnte. Ich bin überzeugt, dass es mein Schicksal war, wie mein Leben verlaufen ist. Nur so konnte ich die Adoptivtochter des wunderbarsten Vaters, den es je gegeben hat, sein. Für die 18 Jahre, die ich in seiner Nähe verbringen durfte, bin ich unendlich dankbar. In meiner Vorstellung war ich wirklich die Tochter meines Adoptivvaters. Wir waren uns nicht nur vom Aussehen ähnlich durch unsere dunklen Haare und braunen Augen, auch unsere sanften Charakterzüge stimmten überein. Wir konnten miteinander über alles sprechen, stundenlang philosophieren, wir redeten die gleiche Sprache. Dass er mein „richtiger" Vater sein sollte, war wohl stets mein Wunschtraum.

In meiner Mami konnte ich mich hingegen überhaupt nie wiederfinden. Wir waren völlig verschieden, verschiedener wie man nicht sein konnte. Sie hatte blonde Haare, blaue Augen und war alles andere als sanftmütig. Ich bin stets diplomatisch, versuche immer, mit allen Menschen auszukommen. Sie hingegen genoss es, wenn sie jemanden tadeln oder beschimpfen konnte, unzählige Male habe ich mich für sie geschämt. In diesen Momenten war ich froh, nicht ihre leibliche Tochter zu sein, nicht ihre Charakterzüge geerbt zu haben. Wir mussten schmunzeln, wenn es ab und zu hieß, wie stark wir uns doch äußerlich gleichen würden. So genau nehmen einen gewisse Menschen wahr!

Da gab es noch meinen Bruder, der wie meine Mutter war, die gleichen blauen Augen und blonden Haare hatte und ebenso gegensätzlich wie ich handelte.

So habe ich mich oft in meine Gedankenwelt zurückgezogen und mir mein Leben zurechtgeschnitten. Ich war stolz, eine Giacometti zu sein, wenn auch keine echte.

Vielleicht habe ich mich auch so oft in meine eigene kleine Welt zurückgezogen, weil ich die Realität nicht aushalten konnte. Die stetigen Streitereien zuhause konnte ich kaum ertragen. Sie entsprachen mir nicht, sie passten nicht zu meiner Persönlichkeit, die den Frieden lebt. Aber nie hätte ich mich getraut, etwas gegen meine Mutter oder die unerträgliche Situation zu sagen. Lieber fraß ich alles in mich hinein. Ich sollte doch dankbar sein, dass man mich aufgenommen hatte, dass man mich eine gute Erziehung und Ausbildung genießen ließ und mir fast jeden Wunsch erfüllte. Ein Leben lang habe ich mich angepasst, um zu überleben, und konnte dabei nie richtig ich selbst sein.

Im Nachhinein weiß ich, dass das mir nicht gut bekam. Doch ich konnte nicht anders, ich war einfach so, wie ich war. Zudem bin ich mir auch bewusst geworden, dass Ehepaare ja erst ein Adoptivkind aufnehmen, wenn sie selbst keine eigenen Kinder bekommen können. Also in erster Linie möchten sie eigene Kinder, erst an zweiter Stelle fremde. Aber als Adoptivkind hat man trotzdem ein Leben lang das Gefühl, dass man dankbar sein muss, obwohl man eigentlich nur einen Wunsch eines Paares erfüllt hat, das dank dem Adoptivkind nun endlich eine Familie geworden ist.

Nachdem ich als Kleinkind vorerst viel „getrötzelet“ hatte, habe ich mich irgendwann gebeugt und wurde das liebe Kind der Familie. Ich hatte meine Rolle als Musterkind gefunden. War lieb zuhause, im Kindergarten und in der Schule. War fleißig und pflichtbewusst, erfüllte jede Erwartung, die Eltern an ein Kind haben können. Umso mehr stach ich heraus, als mein Bruder immer unbändiger wurde. Ich genoss somit das Privileg, an erster Stelle zu sein und das Vorzeigekind zu sein. Aber diese Stellung kostete mich auch viel Energie, zu viel musste ich schlucken.

Als ich schon erwachsen war, frage mich einmal der Hausarzt, der mich seit dem Kleinkindalter betreut hatte, ob ich glücklich war. Ja, antwortete ich. Seine Frage hat mich ein wenig erstaunt, da er doch für mein körperliches Wohl zuständig war und nicht für mein seelisches. Jahre später erklangen seine Worte wieder in meinen Ohren und ich verstand, warum er mir diese Frage damals gestellt hatte. Er wusste um mein Schicksal und kannte vielleicht andere Geschichten von Adoptierten, die nie richtig glücklich geworden waren.

Dieses Buch sollte ja zuerst die Familienchronik meiner Adoptiveltern sein. Dass ich meine Geschichte aufschreiben konnte, war für mich wie ein Befreiungsschlag. Schon bald wurde mir bewusst, dass es kein leichtes Thema sein wird und dass ich die Auswirkungen meines Schicksals völlig unterschätzt hatte. Das Schreiben, das bewusste Verarbeiten der Vergangenheit, die tiefe Auseinandersetzung mit der Adoption, das Ergründen meiner Ängste, das Einbeziehen meiner Herkunft, das Wissen, dass alles gut ist, wie es gekommen ist – all diese Faktoren haben zu meiner Identitätsfindung beigetragen. Ich konnte mit meiner Lebensgeschichte Frieden schließen und das Adoptiertsein nicht mehr leugnen oder verheimlichen. Ich bin aber auch zu der Erkenntnis gelangt, dass die Adoption für mich die absolut richtige Lösung war. Dank diesem Prozess des Schreibens weiß ich, dass das Aufwachsen bei meinen Adoptiveltern mir die beste Chance gab, mich gut zu entwickeln. Gerade kürzlich konnte man in verschiedenen Berichten und Büchern lesen, was in den 50er- und 60er-Jahren alles in den Kinderheimen in der Schweiz passierte. Horrende Geschichten von Misshandlungen und Missbräuchen von unschuldigen Kindern haben sich dort abgespielt. Fürchterlich! Ich bin glücklich und dankbar, dass ich in einem mehr oder weniger gesunden Umfeld aufwachsen konnte. Ich bin niemandem nachtragend, weder meiner leiblichen Mutter, die sich bestimmt für die beste Lösung entschieden hat, noch meinem leiblichen Vater, der mir mit seinem Seitensprung einen Teil seiner Gene geschenkt hat.

Ob ich nun meine wahre Identität gefunden habe, werden sich viele von den Lesern fragen. Habe ich eine Antwort auf die Frage „Wer bin ich“ gefunden? Die Antwort ist: Ja. Jetzt weiß ich viel besser, wer ich eigentlich bin. Dass ich adoptiert worden war, wussten nur ganz wenige Menschen in meinem Umfeld. Ich hatte Angst, nicht als vollwertige Person akzeptiert zu werden. Nun werden es alle erfahren, die es wissen wollen. Das wirkt befreiend. Viele Fragen über meine genaue Herkunft sind noch ungeklärt bzw. noch nicht beantwortet. Vielleicht klären sie sich einmal auf, vielleicht auch nicht. Als ich vor einem Jahr mein ungekürztes Dossier in den Händen hielt, habe ich zum ersten Mal den vollständigen Namen meines leiblichen

Vaters gelesen. Unglaublich, aber wahr: Nicht einmal sein vollständiges Geburtsdatum war darin aufgeführt. Da er einen häufig vorkommenden Schweizer Familiennamen besitzt, hatte ich keinen Anhaltspunkt für den Beginn einer Suche.

Die Suche nach meinen Wurzeln, zu wissen, woher ich komme und warum alles so geschehen ist, wie es ist, hat mir eine gewisse innere Sicherheit und Standfestigkeit gegeben. Man weiß, dass die eigene Identität einem ständigen Prozess untersteht, einem lebenslangen Wandel. Sie entwickelt sich im Laufe des Lebens zum Grundmuster der individuellen Persönlichkeit und der Besonderheit des eigenen Ichs. Meine Identität besteht gewiss auch aus den Genen, die ich von meinen leiblichen Eltern geerbt habe, denn das, was ich im Blut habe, kann ich nicht leugnen. Sie wurde aber auch von meiner Adoptivfamilie geprägt, von der Erziehung, die ich genossen habe, und den Werten, die mir vorgelebt wurden. Das ganze Umfeld, aber auch die Kultur, machen meine Identität aus. Doch auch das, was ich alles am eigenen Leib erfahren und erlebt habe, und das, was ich aus meinem Leben gemacht habe, spielt mit in mein eigenes Ich. So habe ich mich auch bis zu einem gewissen Grad selbst geformt, durch den gewählten Lebensweg, durch meine freiwilligen Lebensaufgaben und nicht zuletzt durch meine persönlichen Projekte. Ich habe eine Vorstellung von dem, was meine Eigenschaften sind, die mich kennzeichnen und unverwechselbar machen. Ich kenne meine Wertmaßstäbe, meine Bedürfnisse, meine Vorlieben und meine Interessen. Sicher hat auch die intensive Auseinandersetzung mit meiner Adoption, hervorgerufen durch das Schreiben dieses Buches, einen großen Teil zur Identitätsfindung beigetragen. Durch die Erzählung meiner Lebensgeschichte weiß ich nun, wie ich zu der Person geworden bin, die ich eben bin. Meine Identität setzt sich aber auch zusammen aus all dem, was ich in meinem bisherigen Leben erleben durfte, aus meinen eigenen Erfahrungen, aus allen Erinnerungen, den schönen Momenten, die ich mit Familie und Freunden teilen durfte.

Die Vergangenheit kann man nicht löschen, aber man kann lernen, mit ihr umzugehen, so dass sie im Leben einen nicht mehr so starken Einfluss nimmt. Ich kann jetzt voll akzeptieren, dass die Adoption ein Teil meiner Lebensgeschichte ist, Teil meiner Identität, und kann nun dazu stehen. Ich habe mit meiner Vergangenheit Frieden geschlossen.

Liebe Leser, sucht nach Visionen, und sie werden euch gegeben! Es braucht Geduld, aber die, die warten können, werden ganz sicher belohnt. Meine Vision mit dem Adler und dem Füllfederhalter hat sich in Form dieses Buches erfüllt und führte dazu, meine Identität weiter zu entwickeln, zu formen und reichlich zu bescheren. Sie hat meine seelische Wiedergeburt bewirkt.

In meinem Leben hatte ich oft auch viel Glück: Ich konnte in der Geborgenheit einer Familie aufwachsen, anstelle in einem Kinderheim ein Kind von vielen zu sein. Die Schulzeit konnte ich erfolgreich abschließen und fand immer sehr gute Arbeitsstellen, bei denen ich mich entfalten konnte. Mir wurden immer wieder Möglichkeiten geboten, mich über meine Grenzen hinaus weiterzuentwickeln. Mittlerweile habe ich selbst eine ganz tolle Familie gegründet, die mir alles bedeutet. Ich bin von tiefstem Herzen dankbar für all das Schöne, was ich im Leben erfahren durfte. Für die tollen Menschen, denen ich begegnen durfte, für die wunderbaren tiefen Freundschaften, die über Jahrzehnte gehalten und mich in schwierigen Jahren getragen haben.

Eine Freundin, die ein Kind adoptiert hat, sagt mir immer wieder, dass ich für sie das beste Beispiel für eine gelungene Adoptionsgeschichte sei. Immer wieder, wenn schwierige Zeiten mit ihrem Adoptivkind anbrechen und diese bei ihr Zukunftsängste auslösen, dann denke sie an mich. Ein so schöner Gedanke. Es tut so gut, wenn sie das zu mir sagt.

Adoption früher und heute: Zwei bewegende Geschichten

Wie ich bereits am Anfang des Buches schrieb, wurden Adoptionsverfahren in den 1950er-/60er-Jahren ziemlich schnell abgewickelt. Es standen viel mehr Kinder zur Adoption zur Verfügung, als es heute der Fall ist. Meine Eltern haben ja kaum zwei Monate warten müssen und schon flatterte das erste Angebot ins Haus. Die Bedingungen, die seitens der Adoptiveltern zu erfüllen waren, waren folgende: zwei Jahre verheiratet, mindestens 40 Jahre alt, mittleres Einkommen, ein Gespräch mit der Sozialarbeiterin, zwei Empfehlungsschreiben von Bekannten – und das war's! Hingegen musste eine alleinstehende Mutter kämpfen, damit ihr das Kind von den Behörden nicht weggerissen wurde. Kaum hatten die Behörden das Gefühl, es könnte zu finanziellen Engpässen kommen, zögerten diese nicht lange und das Kind wurde fremdplatziert. Beschwerdemöglichkeiten gab es für diese Mütter wohl kaum. So möchte ich hier die bewegende Geschichte einer lieben Freundin erzählen.

Diese Freundin wurde in den Sechzigern als Kleinkind ebenfalls zur Adoption freigegeben. Ihre Mutter Sylvia hatte bereits ein Kind und wurde von ihrem Mann verlassen. Sie wohnte damals zusammen mit ihrer eigenen Mutter und der jüngeren Schwester, die sie beide bei der Betreuung des Kindes unterstützten.

Die damaligen Behörden waren der Meinung, dass die Mutter in finanzielle Not geraten könnte, wenn sie für beide Kinder aufkommen müsste. Die Mutter kämpfte um ihr Kind, sie und auch die Großmutter wollten unbedingt auch das zweite Kind behalten, aber als alleinerziehende Mutter und jung verwitwete Großmutter hatten sie keine Chance gegen die Macht der Vormundschaftsbehörde. Die kleine Tochter wurde Sylvia nach der Geburt entrissen, ohne dass die Mutter sie sehen durfte. Auf ihr flehendes Bitten hin gewährte ihr eine Schwester eine gemeinsame halbe Stunde mit ihrer Tochter – mit der Auflage, ja niemandem davon zu erzählen, sonst verliere sie ihren Job. Sylvia berichtete immer wieder, welch hübsches Baby ihre Tochter gewesen sei, vom dunklen Haarflaum und dass alles gesund gewachsen war. Zur Geburt hatte man sie in einen Nebenpavillon des Spitals gelegt und die Tochter nach der Entbindung im Hauptgebäude untergebracht, weil man befürchtete, dass die junge Mutter mit ihrem Kind das Spital ohne Erlaubnis verlässt. Sylvia wurde von ihrer Schwester mit dem kleinen zweijährigen Sohn an der Hand mit den öffentlichen Verkehrsmitteln abgeholt. Sylvia sei blind vom Weinen gewesen, hätte den Heimweg ohne Begleitung kaum gefunden und war nach diesem Ereignis nie mehr der fröhliche Mensch, der sie vor der Geburt gewesen ist.

Sie wurde dazu genötigt, ihre Tochter zur Adoption freizugeben. Es wurde ihr verschwiegen, welchen Eltern das Kind zugewiesen wurde. Auch erfuhr die Mutter nie, wie es ihrer Tochter erging. Die Folge: sie zerbrach an diesem Seelenschmerz.

Viele Jahre später, im erwachsenen Alter, wurde ihre Tochter vom Erbschaftsamt über den Tod ihres leiblichen Vaters informiert. Sie war in seinem Familienbüchlein aufgeführt. Die erfolglose Suche nach ihrer Mutter Sylvia fand für die Tochter ein Ende. Sie nahm Kontakt mit ihrem älteren Bruder und der Schwester ihrer Mutter auf. Diese hatte die ganze traurige Geschichte an der Seite ihrer älteren Schwester Sylvia miterlebt. Ein halbes Leben habe sie auf diesen Moment des Kennenlernens gewartet, teilte sie der Nichte unter Tränen mit.

Nur war Sylvia zwischenzeitlich verstorben.

Die Tochter erfuhr in vielen Gesprächen mit den Angehörigen, dass Sylvia zeitlebens immer wieder nach ihr gesucht hatte, dass kaum ein Tag vergangen war, an dem sie nicht an ihre Tochter gedacht oder von ihr gesprochen hatte. Auch Sylvias zweiter Mann, mit dem sie bis zu ihrem Tode glücklich verheiratet war, hat erzählt, dass sie in solchen Momenten nicht zu trösten war.

Ironie des Schicksals: ihre Tochter ist keine zwei Kilometer entfernt von ihr aufgewachsen. Als begeisterte Schwimmerin besuchte Sylvia oft dasselbe Freibad wie ihre Tochter. In den Sommerschulferien fanden jeden Tag diverse Schwimmkurse statt, und die Tochter, ebenfalls eine „Wasserratte", besuchte fleißig diese Kurse, während ihre Adoptivmutter von der Tribüne aus zuschaute. Ob die Tochter wohl einmal mit ihrer Mutter zusammen im selben Becken schwamm, oder neben ihr auf dem Badetuch die Sonne genoss?

Im gleichen Quartier wie die Tochter wohnte in einem Hochhaus die beste Freundin von Sylvia. Während der Primarschulzeit holte die Tochter in eben diesem Hochhaus im ersten Stock bei einer alten Dame namens Frau Fink bis zweimal wöchentlich einen kleinen Hund zum Spaziergang ab und erhielt fürs Ausführen ein bisschen Taschengeld. Sie durfte den kleinen Hund sogar einmal eine Woche mit in die Ferien nehmen. Bis heute blieb er für sie unvergessen, sie liebte diesen kleinen Vierbeiner so sehr.

Ob die Tochter wohl einmal mit ihrer Mutter zusammen im Lift fuhr?

Zum Quartier gehörte eine Apotheke. Die Adoptivmutter, über Jahre an Asthma erkrankt, war regelmäßig Kundin dort und auch die Tochter ging dort bis ins Erwachsenenalter immer wieder ein und aus. Diese Apotheke wurde über 25 Jahre lang von Sylvias Schwägerin Susanne geführt. Deren Heimweg führte täglich am Haus der Nichte vorbei. Die Adoptivmutter sah sie immer wieder mal vorbeigehen. Man kannte sich namentlich.

Es kommt noch besser: Nach dem Auffinden ihrer leiblichen Familie und dem Wissen um die Zusammenhänge mit der Apothekerin, nahm die Tochter zum Treffen ihren Impfausweis mit und die Apothekerin Susanne bestätigte, der Stempel und das Kürzel der Unterschrift der Schluckimpfung im Ausweis stammten von ihr. Auf der Vorderseite des Ausweises standen groß und deutlich der seltene französische Vorname und das Geburtsdatum des Mädchens. Die Adoptivmutter fand den Namen immer so schön und er gehörte ihrer Meinung nach schließlich zu ihrem Kind, deswegen wurde der Geburtsname nie geändert. Das sei doch das einzige, was sie von ihrer leiblichen Mutter noch hatte – eine bewundernswerte, reife Haltung der Adoptivmutter.

Der Impfausweis wird bis heute als kostbarer Schatz gehütet. Warum ist der Ausweis damals nicht zu Boden gefallen, mit der Vorderseite nach oben? Susanne hat ihre Schwägerin über Jahre auf der Suche nach der Tochter begleitet. Da der Name so selten ist, hätte sie bestimmt reagiert und Sylvia hätte ihre Tochter vor ihrem Tod kennen gelernt.

Leider wurde Sylvia nie auf den Ämtern bei ihrer Suche unterstützt, obwohl wir heute wissen, dass es rechtens und möglich gewesen wäre, Auskunft zu erhalten. Der Notar, der die Adoptionsurkunde damals unterzeichnet hatte, half Sylvia bei ihrem Besuch nicht weiter. Als die Tochter auf der Suche nach ihrer Mutter als junge Frau bei ihm einen Termin vereinbarte, hatte der Notar keine Notiz von Sylvias Besuch gemacht und gab zur Auskunft, die Mutter hätte nie nach ihr gefragt. Die Tochter weiß es heute dank Susannes Informationen besser. Die Möglichkeit der Suche via Internet war damals leider noch nicht gegeben.

Dieselbe Sozialarbeiterin, die bei Sylvia Hausbesuche machte, um das Gedeihen ihres Erstgeborenen zu beurteilen, besuchte auch regelmäßig die Tochter im Kleinkindalter bei ihren Adoptiveltern. Der Tochter ging es dort sehr gut. Sie wurde liebevoll aufgezogen und verbrachte eine glückliche Kindheit. Mit einer Information über das gute Gedeihen ihrer Tochter hätte man Sylvia für ihr Leben entlasten können, die Adoptiveltern wären damit sofort einverstanden gewesen. Das weiß die Tochter aus unzähligen

Gesprächen mit ihren Adoptiveltern. In deren großer Verwandtschaft wurde sie herzlich aufgenommen, als wenn sie das leibliche Kind gewesen wäre. Bis heute gehört sie einfach dazu.

Sylvia ist zeitlebens nie in eine soziale Abhängigkeit geraten und hat immer für ihre Familie gesorgt. Sie arbeitete zuletzt in einem chemischen Labor. Ihr Grab liegt nur einige Meter vom Grab der Adoptiveltern entfernt, Sylvias Tochter geht regelmäßig bei beiden Gräbern vorbei.

Dass sie zeitlebens ihrer Mutter nie sagen konnte, wie schön sie es bei ihrer Adoptivfamilie hatte und dass es Sylvia nicht vergönnt war, vor ihrem Tod noch davon zu erfahren, macht der Tochter immer wieder zu schaffen. Sie trauert dabei um ihre Mutter, die ein Opfer der damaligen Ämter wurde.

Sylvias Schwester hat einmal zum Adoptivvater gesagt: „Bitte denk nicht schlecht von meiner Schwester, sie war ein guter Mensch“, woraufhin der Adoptivvater antwortete: „Wie soll ich von der Frau schlecht denken, die mir die größte Freude meines Lebens schenkte?“ Er ist 92 Jahre alt geworden.

Sylvias Geschichte ist ein klassisches Beispiel, wie in den 60er-Jahren in solchen Fällen vorgegangen wurde. In der heutigen Zeit könnte so ein Vorfall mit all den eingeführten Kontrollmechanismen und dem Wechsel zur heutigen KESB wohl kaum mehr vorkommen.

Sicher wehte damals ein anderer Zeitgeist, und eine alleinstehende Mutter hatte es sehr schwer, in der Gesellschaft als vollwertig akzeptiert zu werden. Für die Behörden war es wichtig, dass ein Kind nicht finanziell zu Lasten des Staates fiel.

Ob die alte Vormundschaftsbehörde wirklich viel besser funktionierte, so wie viele Gegner der heutigen KESB behaupten, sei dahingestellt. Früher hätte es viel mehr Gründe zum Aufstand gegeben, aber die Menschen hatten keine Mittel dazu, es gab kein Sprachrohr. Außerdem war der Respekt vor den Behörden etwas größer als heute.

Deshalb bin ich der Meinung, dass die heutigen Verfahren um die Adoption viel sorgfältiger und mit viel mehr Fingerspitzengefühl durchgeführt werden und man mittlerweile generell versucht ist, eine einvernehmliche Lösung zu finden. Es gibt heutzutage auch viel mehr Organisationen, die sich alleinstehenden Müttern annehmen und sie möglichst umfassend beraten und unterstützen. Meines Erachtens hat sich die öffentliche Meinung gegenüber alleinstehenden Müttern sehr zum Positiven gewendet. Schuldzuweisungen sind ein Tabu.

Heute werden auch die Abklärungen betreffend der Eignung von Pflege- und Adoptiveltern sicher viel sorgfältiger durchgeführt. Willige Adoptiveltern müssen auf einer langen Liste von wartenden Eltern hintanstehen und sich über Jahre bemühen, um ein Kind adoptieren zu können. Es erwartet sie eine Flut von Formalitäten und sie werden immer wieder Begutachtungen und Gesprächen unterzogen. Auszüge aus dem Straf- und dem Betreibungsregister müssen vorgelegt werden, Steuererklärung, Lohnausweis, Heiratsurkunde und vieles mehr. Beide potenzielle Eltern müssen einen ausführlichen Lebensbericht verfassen, schriftlich genau begründen, weshalb sie ein Kind aufnehmen möchten. Entsprechende Kurse sind auch Pflicht.

So konnte ich auch hautnah erleben, wie vor zehn Jahren ein befreundetes Ehepaar sich um ein Adoptivkind bemüht hat. Es war ein langjähriger Prozess, der unendlich viel Kraft und Durchhaltewillen erforderte. Diese Freunde haben für mich ihre Erfahrungen aufgeschrieben und ich bin ihnen unendlich dankbar dafür. Es sind diese wahren Geschichten, die das wirkliche Leben ausmachen.

„Lass uns dir Wurzeln und Flügel geben!"

Schon mit siebzehn Jahren lernte ich meinen Mann (damals neunzehn Jahre alt) kennen. Schon nach dem ersten Treffen war für mich klar, dass diese Beziehung sich von den bisherigen Freundschaften unterschied. Eine große Vertrautheit, ein Angekommensein, war vom ersten Moment zwischen uns spürbar. Und bereits nach wenigen Tagen (!) war für uns klar, dass wir den Rest unseres Lebens zusammen verbringen wollten. Bis wir dann heirateten, dauerte es noch fünf Jahre, da wir beide noch in der Ausbildung steckten. Von Anfang an waren Kinder immer ein Thema in unserer Beziehung. Sie sollten den Höhepunkt unserer großen Liebe bilden!

Da wir beide im Lehrerberuf tätig sind, waren uns Kinder immer schon ein Herzensanliegen und wir konnten uns nichts Schöneres vorstellen, als selber einmal eine große Schar eigener Kinder auf ihrem Weg begleiten zu dürfen. Nach etwa sechs Jahren Berufs- und Eheerfahrung wollten wir uns also in das Abenteuer „Kind" stürzen. Doch die erhoffte Schwangerschaft blieb aus! Nach etwa einem Jahr ließen wir uns medizinisch untersuchen. Alles in Ordnung! Ein weiteres Jahr verging, ohne dass ich schwanger wurde. Unsere Hoffnung auf ein Kind verschwand zusehends und Verzweiflung machte sich breit und unsere wundervolle Ehe wurde langsam, aber sicher von Wolken überschattet. Mein Arzt und Berater verstarb unerwartet und so kam unser „Fall" in die Hände eines neuen Arztes, welcher unter anderem auch an einer Kinderwunschklinik arbeitete. Welch ein Glück!, dachten wir und meldeten uns für ein erstes Gespräch bei ihm an. Leider aber verlief dieses Gespräch in einer Art und Weise so, dass wir uns danach gegen den Versuch einer künstlichen Befruchtung entschieden haben. Wir wollten weiter „üben" und die Hoffnung noch nicht begraben. Zum Glück bekam ich bald einen neuen Gynäkologen, bei welchem ich mich gut betreut fühlte. Der Entscheid gegen eine künstliche Befruchtung blieb jedoch bestehen.

Fünf weitere Jahre vergingen. Psychisch ging es uns immer schlechter. Vor allem flatterten uns fast wöchentlich Geburtsanzeigen von unseren Freunden ins Haus. Was für ein Schmerz! Hatten wir früher einen riesigen Freundeskreis, ließ sich heute kaum noch jemand finden, der mal Zeit fürs Kino hatte. Alle waren zu Hause bei ihren Babys! Nebst unserer Trauer kam nun auch eine Einsamkeit dazu. Gewisse Freunde zogen sich von uns auch zurück, weil sie mit dem Thema der Kinderlosigkeit nicht umgehen konnten.

Langsam fingen wir an, uns mit dem Thema Adoption näher zu befassen, denn ein Leben ohne Kinder konnten wir uns schlicht nicht vorstellen. Das Thema war für uns nicht neu, da mein Onkel vor vielen Jahren zwei Kinder aus Korea adoptiert hatte. So meldeten wir uns im September 2003 bei der Fachstelle für Adoption in Zürich zu einer „Informationsveranstaltung und Vorbereitungskurs für adoptionswillige Paare“ an. Der Kurs fand an drei Halbtagen statt. Wir mussten uns dabei intensiv mit unserer Kinderlosigkeit und mit unserer Motivation, Eltern zu werden, auseinandersetzen. Dass eine Adoption eines fremden, oft traumatisierten und vorbelasteten Kindes kein Zuckerschlecken werden wird, wurde uns ganz klar vermittelt. Dennoch entschieden wir uns für diesen Weg. Jetzt erst recht!

Mit viel Gottvertrauen (!) meldeten wir uns bei der Fachstelle in Zürich für ein erstes Gespräch an. Das Gespräch dauerte drei Stunden. Unsere Ehe, unsere Einstellung zu gesellschaftlichen Themen, zur Religion, unsere Vorstellungen von Familienleben, unsere finanzielle Lage und natürlich unsere Motivation, ein fremdes Kind aufzunehmen, waren Inhalte dieses sehr persönlichen und intensiven Gesprächs.

Wie viele Kinder gäbe es wohl auf der Welt, wenn sich jedes potenzielle Elternpaar dieser „Prüfung“ unterziehen müsste? Damals fast ein bisschen als Zumutung empfunden, wissen wir heute, dass diese gründliche Befragung absolut berechtigt und notwendig war! Ein fremdes Kind zu adoptieren heißt, ein Kind mit seelischen Verletzungen, mit Trennungs- und Verlusterfahrungen aufzunehmen, meist in einem Alter, in welchem es dieses überfordernde Ereignis nicht fassen und verarbeiten kann. Oft hat das Kind später Folgeerscheinungen wie Bindungsstörungen und Lernprobleme in der Schule. Da sollte eine Ehe mehr als tragfähig sein, zeitliche und finanzielle Ressourcen müssen vorhanden sein, um dem Kind die nötige Zeit, Sicherheit und Geborgenheit geben zu können, welches es in höherem Maße braucht als ein leibliches Kind, das ohne dieses zerstörte Urvertrauen ins Leben starten durfte.

Nun mussten wir verschiedene Dokumente wie zum Beispiel einen Auszug aus dem Strafregister, Lohnausweis, Arztzeugnisse, Niederlassungsbewilligung, Familienbüchlein und noch einige mehr beim Kanton und teilweise auch bei der Fachstelle einreichen. Dazu kamen noch hand- und maschinengeschriebene, etwa sechsseitige Lebensläufe von mir und meinem Mann. Noch einmal gab es ein langes Gespräch mit unserer Betreuungsperson von der Fachstelle, diesmal bei uns zu Hause.

Dieser ganze Adoptionsprozess, inklusive der verlangten Dokumente, Sozialbericht der Fachstelle und Bewilligungen, dauerte ein gutes Jahr. Nun also waren wir auf der Warteliste! Wir hatten vereinbart, dass wir von der Fachstelle informiert werden, sobald wir in eine engere Auswahl für ein bestimmtes Kind kommen würden. Etwa ein halbes Jahr später kam der ersehnte Brief: Unser Dossier war unterwegs zum Vormund eines bestimmten Babys. Nun würden wir innerhalb der nächsten drei, vier Tagen erfahren, ob wir Eltern werden. Dann der Anruf und … die Absage! Der Vormund hatte ein anderes Ehepaar für das Baby gewählt.

Es fühlte sich an wie eine Fehlgeburt. Die Trauer hielt uns mehrere Tage fest im Griff. Nach und nach schöpften wir wieder Hoffnung, da wir dachten, dass wir bestimmt wieder in die nähere Auswahl gelangen werden. Und tatsächlich: Nach wiederum etwa einem halben Jahr waren wir erneut in der näheren Auswahl für ein Kind. Diesmal musste es klappen! Doch wiederum bekamen wir nach wenigen Tagen einen Negativentscheid. Der Schmerz zerriss uns beinahe und es dauerte einige Wochen, bis wir wieder einigermaßen mit dieser Enttäuschung fertig geworden sind. Unsere Ehe war inzwischen alles andere als glücklich, da wir beide auch unterschiedlich mit diesen Enttäuschungen umgingen. Fünf Monate später erneut ein Anruf von der Fachstelle. Nun waren wir sicher: Aller guten Dinge sind drei! Nun würden wir Eltern werden! Leider aber klappte es auch diesmal nicht. Wir waren am Ende und einfach nur noch traurig und müde und mussten anfangen, uns wohl oder übel mit einem Leben ohne eigene Kinder abzufinden. In vielen Gesprächen mit Paaren, denen es ähnlich erging wie uns, und im Glauben, dass da noch ein anderer die Fäden für unser Leben zusammenhält, bekamen wir langsam wieder Boden unter den Füßen.

Und dann war es kurz vor Weihnachten. Wir hatten die Hoffnung fast schon aufgegeben, als der heiß ersehnte Anruf von der Fachstelle kam. Wir werden Eltern! Diesmal war es definitiv! Zehn Tage lang mussten wir uns gedulden, bis wir unser zwölfmonatiges Kind das erste Mal in die Arme schließen durften.

Der Gefühlscocktail, ein Mix aus Freude und Angst, den wir erlebten, war unglaublich!

Unsere Tochter war zu diesem Zeitpunkt in einem Kinderheim untergebracht. Es war nicht ihr erster Pflegeplatz, sie hatte also schon einiges in ihrem „Seelenrucksäckchen“ gepackt. Nun begann für uns alle eine zarte, vorsichtige Annäherungsphase, bei der wir etwa sechs Wochen lang fast jeden Tag nach der Arbeit ins 50 Kilometer entfernte Kinderheim fuhren, mit unserer Tochter spielten, mit ihr aßen, sie badeten und ins Bett brachten. Dies natürlich unter diskreter Aufsicht des Heimpersonals. Wird sie es schaffen, uns als Eltern anzunehmen und Vertrauen zu uns aufzubauen? Wird unsere Liebe zu ihr so sehr wachsen, dass wir es schaffen, zu einer glücklichen und stabilen Familie heranzuwachsen? Wird es uns gelingen, unserem seelisch so verletzten Kind starke Wurzeln und später tragfähige Flügel für sein Leben zu geben? Diese Fragen raubten uns den Schlaf und ich nahm in diesen sechs Wochen fünf Kilo ab!

Dann war es endlich so weit: Die Heimleitung kam zum Schluss, dass nach ihren Beobachtungen der Zeitpunkt nun da war, dass wir unsere Tochter endgültig mit nach Hause nehmen durften. Was für ein Aufatmen, was für ein Glück! Der große Tag wurde auf einen bestimmten Freitag festgelegt. Der Zufall (Zufall?) wollte es, dass dies mein Geburtstag war! (Kleine Randbemerkung: Auch meine Cousine kam damals am selben Datum aus Korea in ihrer neuen Familie an.)

Der Start in unseren Familienalltag war hart. Er begann damit, dass unsere Tochter am nächsten Tag krank wurde und vierzig Grad Fieber hatte. Die Bindung zu ihr weiter aufzubauen und zu festigen, brauchte enorm viel Zeit und Kraft, da sie sich immer wieder in ihr Schneckenloch zurückziehen wollte, sich kaum berühren ließ und gleichzeitig aber ständig unsere Aufmerksamkeit wollte. Zum Glück waren mein Mann und ich wirklich ein gutes, starkes Team und langsam, aber sicher wuchsen wir als Familie zusammen. Dieser Prozess dauerte jedoch bestimmt an die zwei Jahre, bis wir diese innere Gewissheit hatten, dass unser Kind nun wirklich bei uns angekommen war.

Wer wünscht es sich nicht
einen Stern vom Himmel zu holen,
fest zu stehen wie ein Baum
oder davonzufliegen wie ein kräftiger Adler?

Oft scheinen die Sterne unerreichbar
die Winde zu stürmisch und die Flügel zu schwach.

So strecken wir die Arme dem Himmel entgegen
und ein kleiner Stern fällt in unsere Hände.
Wir sind glücklich über deine Ankunft
und werden versuchen,
dir Wurzeln und Flügel zu geben!

(Dein Papa)

Dieses wunderschöne Gedicht hat der Adoptivvater zur Ankunft seines Adoptivkindes geschrieben. Solche Eltern kann sich ein Kind nur wünschen!

Ich kenne diese Eltern gut und weiß, dass sie die besten Voraussetzungen mitbringen, um ihrem adoptierten Kind eine reelle Chance zu geben, sich bestmöglich entwickeln zu können. Sie lieben es aus tiefstem Herzen und stellen ihre eigenen Bedürfnisse hintenan. Ihren Fokus richten sie auf das Kind, was nicht heißt, dass sie es verwöhnen, sondern sie begleiten es auf seinem Weg mit uneingeschränkter Aufmerksamkeit, aber auch mit Konsequenz und Disziplin. Sie haben sich tiefgehend mit der Problematik der Adoption auseinandergesetzt und besitzen das Werkzeug, um mit einem traumatisierten Kind bestens umzugehen. Ihr Kind hat großes Glück, solche einfühlsamen Adoptiveltern gefunden zu haben, die bereit sind, alles für das Kind einzusetzen. Es ist ein Segen, dass das Schicksal sie zu Adoptiveltern gemacht hat. Ein wunderbares Beispiel einer gelungenen Adoption.

Tipps für die Suche nach den leiblichen Eltern

„Die meisten Adoptierten suchen vordergründig ihre Mutter oder ihren Vater. Aber eigentlich suchen sie sich selbst“, schreibt Daniel Stadelmann.

Ein paar persönliche Tipps:

Bevor man sich auf die Suche nach den leiblichen Eltern begibt, sollte man sich im Klaren darüber sein, was die Beweggründe sind. Was möchte ich damit erreichen? Was soll das Ziel eines möglichen Treffens sein? Es gibt durchaus Adoptierte, die kein großes Interesse verspüren, ihre biologischen Eltern kennen zu lernen. Die Gründe sind wohl vielfältig und sehr individuell. Vielleicht weil sie ein erfülltes und zufriedenes Leben führen und es bevorzugen, die Vergangenheit ruhen zu lassen, oder sie brauchen keine Informationen über ihre eigenen Wurzeln und möchten keinen Kontakt zur Ursprungsfamilie. Es kann aber auch sein, dass sie vielleicht ihre Herkunft verdrängen, Angst haben vor der Konfrontation oder befürchten, ihre Adoptiveltern zu verletzen.

Auf jeden Fall braucht es eine gewisse Überwindung

und eine gute Standhaftigkeit. Will man die Suche nach seinen Wurzeln starten, ist es wichtig, dass man sich fachkundig und professionell begleiten und beraten lässt. Ich empfehle, behutsam vorzugehen, sich Zeit zu lassen. Es ist ein tiefer Prozess, der Seele und Körper mit einbezieht. Jeder Schritt muss in Ruhe verarbeitet werden können. Zudem kann sich eine Suche sehr in die Länge ziehen. Auf jeden Fall sollte vermieden werden, die leiblichen Eltern unvorbereitet zu überfallen, denn auch sie haben ein Anrecht auf eine rücksichtsvolle Annäherung. Auf eine Suche über Facebook rate ich ab, da die Gefahr besteht, dass Unmengen von intimen Daten frei zugänglich werden und die leiblichen Eltern allenfalls überrumpelt werden können. Das könnte dazu führen, dass sie letztendlich den Adoptierten gar nicht mehr sehen wollen. Das erste Treffen sollte gut vorbereitet sein. Ratsam ist es auch, bei der ersten Begegnung nicht gleich alle persönlichen Informationen preiszugeben und nicht allzu viele Details über seine Person zu erzählen. Die Begegnung mit den leiblichen Eltern kann auch heilsam sein, da nach dem Treffen der Grund der Adoption häufig nachvollzogen werden kann. Dabei kann der Adoptierte das Gefühl des Nicht-gewollt-Seins überwinden. Allerdings muss man immer im Hinterkopf behalten, dass man einen persönlichen Kontakt nicht erzwingen kann, und die leiblichen Eltern abblocken könnten. Diese Ablehnung ist schwer zu verkraften, doch denke ich, dass dies eher selten vorkommen wird.

Da sich in der Zwischenzeit einmal mehr in der Schweiz das Gesetz zur Adoption geändert und gelockert hat, haben Behörden und Amtsstellen mehr Erfahrung mit dem

Umgang von Suchenden und sind auch bereit, die Hilfesuchenden zu unterstützen. Auch der Zugang zu den Dossiers und den Informationen ist in der heutigen Zeit einfacher geworden und die Behörden diesbezüglich offener und freigiebiger.

Aber der emotionale Prozess ist immer noch derselbe, wie ich ihn vor fast 30 Jahren erlebt habe. Das muss man sich stets vor Augen halten. Es schüttelt einen durch und durch!

Es gibt in der Schweiz viele gute Organisationen, die Erfahrung in der Suche haben und einen Schritt für Schritt begleiten, falls das gewünscht wird. Zum Beispiel bietet die Schweizerische Fachstelle für Adoption Hilfe bei der ersten Kontaktaufnahme zu den leiblichen Eltern an. Sie fühlt bei den leiblichen Eltern vor, ob sie dieses Aufeinandertreffen möchten. Es wird folglich ein anonymer Briefkontakt zwischen den Betroffenen hergestellt, man sendet sich dabei Briefe und Fotos. Vielleicht hat meine missglückte erste Kontaktaufnahme mit meiner leiblichen Mutter die Fachstelle dazu bewogen, dem Thema Anonymität mehr Gewicht zu geben. Die Herkunftssuche erfordert u.a. sehr viel Zeit, Geduld, Durchsetzungsvermögen und Hartnäckigkeit. Meine Ratschläge sowie die untenstehenden Informationen von offizieller Seite beziehen sich ausschließlich auf Adoptionen in der Schweiz.

Vorgehen bei der Herkunftssuche

Die Suche nach seinen eigenen Wurzeln und der Wunsch, seine leiblichen Eltern kennen zu lernen, kann ein langwieriger Prozess sein. Häufig reicht es nicht aus, nur die Identität (Name, Adresse und Wohnort) der biologischen Eltern zu kennen. Vielmehr entsteht das Verlangen, in direkten Kontakt zu kommen und Antworten auf offene Fragen zu erhalten. Vor allem das fehlende Wissen über die Gründe der Weggabe beschäftigt die Suchenden, aber auch nicht genau beschreibbare Gefühle zur Herkunft schwingen mit, die sie zu entschleiern erhoffen durch ein Zusammentreffen.

Eine Herkunftssuche bündelt sämtliche Anstrengungen, die eine Person unternimmt, um an die Zeit vor seiner Adoption anzuknüpfen. Nebst den Identitätsfragen gibt es auch ganz praktische Fragen zu klären. Es handelt sich um einen Prozess, der gleichzeitig eine Auseinandersetzung auf der rechtlichen, administrativen, sozialen aber auch psychologischen Ebene bedeutet und der von Drittpersonen und Fachorganisationen unterstützt werden muss. Selbstverständlich betrifft die Suche auch die nähere Umgebung. Einerseits kann diese stützend Einfluss nehmen, andererseits ist ihre Belastung nicht zu unterschätzen, wenn beispielsweise Adoptiveltern mit Verlustängsten reagieren. (Quelle: sozialinfo.ch)

Hilfe seitens der Behörden

Um Nachforschungen zu betreiben, können in der Schweiz geborene Kinder ihr Gesuch bei ihrem Geburtskanton einreichen. Der Heimatort kann dann Hilfe anbieten, wenn jemand im Ausland geboren wurde und über das Schweizer Bürgerrecht verfügt. Der Wohnkanton wiederum wird zuständig, wenn die Person weder in der Schweiz geboren wurde noch das Schweizer Bürgerrecht besitzt. Die Onlineplattform „ch.ch“ ist eine Dienstleistung des Bundes, der Kantone und Gemeinden, die eine aktuelle Liste zu den zentralen Behörden der Kantone im Adoptionswesen zur Verfügung stellt.

Aus der Internetseite der Schweizerischen Fachstelle für Adoption

Obwohl die rechtlichen Vorgaben präzise sind, sind Fachorganisationen bei der Herkunftssuche wichtig. Auch dann, wenn eine Kontaktaufnahme ausweglos erscheint. Nicht selten gelingt es ihnen mit entsprechendem Einwirken und Verhandeln, dass sich die Parteien trotz anfänglicher Abwehr annähern können.

Für Kinder, die in der Schweiz oder im Ausland geboren wurden, bestehen bereits heute spezialisierte Suchdienste. Diese beraten im Bereich der rechtlichen Situation, arbeiten mit den zuständigen Fachinstanzen der Kantone zusammen und informieren über die Persönlichkeitsrechte der biologischen Eltern. Personensuchdienste bieten zum

Beispiel das Rote Kreuz, die Heilsarmee, der Internationale Sozialdienst, die Stiftung Terre des hommes, der Verein Espace Adoption und die PACH (Pflege- und Adoptivkinder Schweiz) an. Letztere unterstützt erwachsene Adoptierte, die in der Schweiz geboren sind, bei der Wurzelsuche. Sie hilft Suchenden, ihre leiblichen Angehörigen zu finden und vermittelt auf Wunsch zwischen den Betroffenen. Ergänzend begleiten die Mitarbeiter die Betroffenen in ihrem Prozess, auch dann, wenn es zu einer Kontaktablehnung kommt. Mit 18 Jahren dürfen Adoptierte zwar die Namen der leiblichen Eltern zum Zeitpunkt der Geburt des Kindes, die Geburtsdaten der Eltern und deren Bürgerort bzw. deren Heimatland erfahren. Die leiblichen Eltern damit auch zu finden, kann sich jedoch schwierig gestalten, da sich einige Daten während der Jahre ändern können. Die PACH hilft bei der Nachforschung; sie kann auf ihre archivierten Dossiers seit 1922 zurückgreifen.

Meine Arbeit beim Gericht und der KESB

Begonnen hat meine Tätigkeit beim Gericht als Dolmetscherin für Italienisch. Ich wurde vor etwa 25 Jahren sozusagen ins kalte Wasser geworfen, als beim Obergericht, wo mein Mann arbeitet, ein Dolmetscher kurzfristig ausfiel. Die italienische Sprache ist meine Muttersprache, schließlich bin ich in Lugano aufgewachsen und habe alle meine Ausbildungen in dieser Sprache absolvierte. Allerdings hatte ich die juristischen Fachausdrücke teilweise nie zuvor gehört. Das bewog mich dazu, mich intensiver mit der juristischen Terminologie zu befassen. Vieles verstand ich anfänglich überhaupt nicht, aber mein Mann konnte mir viele Formulierungen und Zusammenhänge erklären. So habe ich mir ein Dossier mit juristischen Fachausdrücken erarbeitet, unter anderem zu den verschiedenen Aufforderungen zur wahrheitsgemäßen Aussage, zur Aussageverweigerung oder auch zu verschiedenen Rechtsmittel zu den Urteilen. Meine Sammlung wurde immer umfangreicher. Je mehr ich mich mit der Materie befasste, umso mehr wollte ich wissen. Ich war motiviert, immer besser vorbereitet zu sein für den Einsatz bei einer Gerichtsverhandlung. Es dauerte nicht lange und ich war im Einsatz bei verschiedenen Gerichten. Diese Dolmetschertätigkeit verhalf mir auch zu einer Arbeitsstelle als Übersetzerin bei einer Krankenkasse. Diese Stelle hatte ich 15 Jahre lang inne. Während dieser Zeit besuchte ich die Übersetzer-Ausbildung in St. Gallen, die ich erfolgreich mit Diplom abschloss. Nebenher setzte ich meine Tätigkeit als Dolmetscherin bei den Gerichten fort, dazu kamen noch Dolmetschereinsätze bei der Polizei, in Gefängnissen und weiteren Amtsstellen. Das Dolmetschen ist eine große Herausforderung. Man weiß im Voraus nur, um welches Thema es gehen soll, aber worum genau gestritten, verhandelt bzw. was letztendlich beurteilt wird, entscheidet sich immer spontan. Man wird in eine Geschichte eingebunden, die sich vielleicht schon über Jahre hinzieht, und muss unverzüglich verstehen können, was da passiert ist und worum es bei der Verhandlung oder Befragung geht. Wenn immer möglich, verlange ich zuvor eine Kopie der Klage oder der Anklageschrift, damit ich mich besser vorbereiten kann. Aber nicht immer reicht die Zeit, manchmal ist es zu kurzfristig. Noch nach 25 Jahren bin ich immer noch vor einer Gerichtsverhandlung ziemlich aufgeregt und hoffe, dass keine Begriffe auftauchen, die ich noch nie gehört habe oder nicht mehr weiß, wie diese zu übersetzen sind. Als Dolmetscherin trägt man eine große Verantwortung. Ein einzig falsches übersetztes Wort kann weitreichende Folgen für das Urteil haben. So werde ich immer vor Beginn einer Gerichtsverhandlung darauf aufmerksam gemacht, dass bei wissentlicher falscher Übersetzung eine Strafe von bis zu 5 Jahren Gefängnis droht. Ich muss dann diesen Hinweis mit Ja bestätigen. Das gibt mir immer noch ein mulmiges Gefühl. Obwohl ich diese Strafandrohung schon sicher über 200 Mal gehört habe, lässt sie mich nicht kalt.

Beim Dolmetschen wurde ich mit fast allen Fällen, die das Zivilgesetzbuch oder das Strafgesetzbuch vorsieht, konfrontiert. Ich war schon bei den verschiedensten Verhandlungen dabei. Die häufigsten Fälle sind Ehescheidungen – angefangen von der einfachen Konventionsscheidung, die nur eine halbe Stunde dauert, bis hin zur strittigen Ehescheidung, bei der es gut und gerne bis zu vier Stunden dauern kann, bis schließlich eine Vereinbarung getroffen werden kann. Gedolmetscht habe ich bei kleinen und größeren Strafverhandlungen wie Straßenverkehrsdelikten, Diebstahl, Drohung, Betrug etc., aber auch bei Prozessen über Tötungsdelikte, Exhibitionismus, Pornographie, Vergewaltigung und, leider, auch bei Prozessen über sexuelle Handlungen mit Kindern. Das ist ein durchaus großes Spektrum. Bei meiner Tätigkeit als Gerichtsdolmetscherin erlebe ich hautnah die verschiedenen Prozesse, die einen richterlichen Spruch oder Entscheid verlangen.

Der wohl größte und spektakulärste Prozess, zu dem ich als Dolmetscherin aufgeboten wurde, war ein medienträchtiger Doppelmord, welcher ans Obergericht weitergezogen und dort verhandelt wurde. Es war eine tragische Geschichte. Es handelte sich um einen Adoptivsohn, der einen Killer damit beauftragt hatte, seine Adoptiveltern zu ermorden. Eine Kriminalgeschichte, die man sonst nur im Fernsehen sieht, wurde Realität. Vor dem Bezirksgericht war es ein Indizienprozess, da es keine handfesten Beweise gab. Das Urteil stützte sich unter anderem auf die Geldknappheit des Adoptivsohnes, welcher an das vermeintliche Millionenvermögen seiner Adoptiveltern herankommen wollte. Noch vor der Berufungsverhandlung vor Obergericht ist der Adoptivsohn an den Folgen seiner Aids-Erkrankung in der Strafanstalt verstorben. Der vermeintliche und erstinstanzlich verurteilte Auftragsmörder hatte zwischenzeitlich den Freitod gewählt. Es blieb also nur noch ein 66-jähriger Mittäter und Gehilfe für die Verurteilung übrig, welcher gesundheitlich stark angeschlagen war und für den ich dolmetschen musste. Seine Tatvorwurf hieß: Anstiftung zu mehrfachem vollendeten und versuchten Mord. Die Verteidigung hatte das erstinstanzliche Urteil angefochten und beantragte, die Zuchthausstrafe sei von 12 auf 6 Jahre zu reduzieren. Er sei nicht wegen Anstiftung zu Mord, sondern nur wegen Gehilfenschaft zu verurteilen. Der Mann habe niemanden zu einer bestimmten Tat bewegen wollen. Er habe stets unter Druck und der Angst gestanden, sein Bruder, der Mörder, könnte ihn auch noch umbringen, falls er den Plan nicht zu Ende führe. Nun musste das Obergericht neu beurteilen. Ich war erstaunt über die hohe Strafe, zu der das Gericht ihn letztlich verurteilte. Er wurde der Mittäterschaft für schuldig gesprochen und das Urteil der Vorinstanz von 12 Jahren Zuchthausstrafe wurde vollumfänglich bestätigt. Schwer wog für das Gericht, dass er den Killerauftrag an den Mörder, seinen Bruder, weitergereicht und keine Anstalten getroffen hatte, um die Tat zu verhindern. Zum Verhängnis wurde ihm auch ein Erbvertrag, den der Adoptivsohn mit ihm abgeschlossen hatte, womit er vom Vermögen der Ermordeten profitiert hätte. Es gelang der Verteidigung nicht, das Obergericht zu überzeugen, dass der Angeklagte nicht ein Anstifter gewesen war, sondern bloß ein Gehilfe. Auch die Staatsanwaltschaft rückte nicht von ihrem Antrag von 12 Jahren Zuchthaus ab, sondern beleuchtete vielmehr seine Rolle als „geldgierigen Hintermann eines heimtückischen Mordes".

Interessant war für mich zu sehen, was dazu von den Medien berichtet wurde. So konnte man lesen, dass der Adoptivvater zu seinem angenommenen Sohn eine höchst ambivalente Beziehung hatte. Es wurde sogar behauptet, dass ein Psychiater ihm damals von der Adoption abgeraten hätte. Hingegen hatte der Adoptivsohn zu der Mutter ein inniges Verhältnis. Ihm habe sie ihre Sorgen anvertraut, während sie Mühe gehabt habe, zu ihrem leiblichen Sohn eine echte Beziehung herzustellen. Mit ihrer überschwänglichen Liebe und ihrer Erwartungshaltung habe sie den Adoptivsohn fast erdrückt. Anscheinend habe der Adoptivsohn in der Gefangenschaft versucht, Klarheit über seine Identität und seine Herkunft zu gewinnen. Auf einer Schreibmaschine verfasste er einen autobiografischen Text und beauftragte Freunde, sich auf die Suche nach seinen leiblichen Eltern zu machen und insbesondere seine Mutter zu finden.

Auf alle Fälle habe ich mich seriös vorbereitet und dazu meine Dokumentationen aufbewahrt. An viele Fälle erinnerte ich mich nicht mehr genau, aber als ich meine Notizen für dieses Buch durchstöberte, sah ich mich wieder sitzend im Gerichtsaal, konzentriert und aufmerksam. Als Dolmetscherin ist es unabdingbar, den ganzen Prozess aufmerksam zu verfolgen. Nur so ist gewährleistet, dass einem kein einziges Detail entgeht und man jederzeit exakt übersetzen kann.

Auch bei einem Prozess betreffend der Revision eines Vaterschaftsurteils habe ich übersetzt. Der Beklagte, welcher das Kind gezeugt haben soll, bestritt bis zum Schluss, dass er der leibliche Vater sei. Ein DNA-Test hat dann die Vaterschaft mit einer Trefferwahrscheinlichkeit von 99,99 Prozent bestätigt, doch auch dieses Resultat zweifelte der Beklagte an. Er behauptete, die Mutter des Kindes sei zu jener Zeit mit einem anderen Mann zusammen gewesen. Seine Appellation beim Obergericht wurde abgewiesen.

Der Prozess, der mich jedoch zutiefst erschüttert hat, war die Verurteilung eines Triebtäters, der die achtjährige Tochter seiner Lebensgefährtin an die 60 Mal vergewaltigt hatte. Besonders pervers ist, dass der Angeklagte seine Position als Ersatzvater schamlos und mit außergewöhnlicher Brutalität ausgenutzt hat. Nicht vorstellbar, was das für ein nachhaltiges Trauma beim Kind hinterlassen hat. Der Triebtäter wurde zu neun Jahren Zuchthaus verurteilt und auf unbestimmte Zeit verwahrt. Zudem verging er sich auch an zwei weiteren Frauen, und dies nicht aus einem sexuellen Notstand heraus, sondern weil er seine Macht demonstrieren wollte. Diese Fälle lassen einen erschaudern. Nach solchen Prozessen fiel es mir schwer, einfach so wieder zur Tagesordnung überzugehen.

Zu den bewegendsten Fällen gehörten mit Abstand auch die Anhörungen in den psychiatrischen Kliniken. Es waren nur wenige Verhandlungen, bei denen ich übersetzen musste, aber diese machten mich sehr betroffen und haben mich arg mitgenommen. Die Gedanken über das Warum und Wieso ließen mich nicht mehr los. Es waren Anhörungen bezüglich fürsorgerischen Freiheitsentzugs. Ich hatte zwei Mal junge Männer vor mir, gutaussehend und auf den ersten Blick ganz normal wirkend. Sie litten jedoch an einer akuten Schizophrenie. Sie hörten Stimmen, hatten Verfolgungswahn und gingen mit dem Messer auf die Eltern los. Eine überaus tragische Geschichte.

Außerdem erinnere ich mich noch an die Anhörung einer Frau mittleren Alters, die sich eingebildet hatte, schwanger zu sein, und die deswegen ihre Medikamente gegen die Schizophrenie nicht mehr einnahm. Am Schluss der Befragung attackierte sie mich ebenfalls noch verbal, denn sie war der Meinung, dass ich die Geliebte ihres Mannes sei, weil ich die ganze Zeit zu ihm geflüstert hatte. Das musste ich in meiner Position als Dolmetscherin ja auch tun. Ehrlich gesagt, es war mir nicht mehr geheuer, sie schrie mich an und ich bekam es mit der Angst zu tun. Zitternd verließ ich den Raum und das Gebäude. Alle anderen Anwesenden, Psychiater, Pfleger und die Richter, blieben ganz ruhig. Der Vorsitzende Richter rief mich später noch an und versuchte mich zu beruhigen. Er erklärte mir, warum sie nicht interveniert hätten, als die Frau so ausgerastet ist. Sie wollten lediglich feststellen und prüfen, ob eine Internierung wirklich angebracht sei. Zudem meinte er zu mir, dass die Schizophrenie jeden treffen könne und man dankbar sein müsse, wenn man nicht davon betroffen sei. Seine Worte werde ich nie vergessen. Das Dolmetschen ist eine vielseitige und spannende Tätigkeit, ist aber auch mit viel Verantwortung verbunden.

Seit 2011 habe ich eine feste Anstellung in der Kanzlei eines Bezirksgerichtes und bin auch hier mit unzähligen Fällen und Geschichten konfrontiert. Die spannende und abwechslungsreiche Arbeit gefällt mir sehr gut. Das Gericht ist unterteilt in Strafgericht, Zivilgericht, Arbeitsgericht, Mietschlichtung, Jugendgericht und nicht zuletzt in das Familiengericht, welches auch die KESB (Kindes- und Erwachsenenschutzbehörde) beinhaltet. Die große Masse der Gerichtsfälle betreffen Familienangelegenheiten – zum Beispiel Eheschutzverfahren, welche eine Regelung während der Trennungszeit eines Ehepaares zum Ziel haben. Dabei sind die Richter bemüht, die beste Lösung für die involvierten Parteien zu finden. Es muss die finanzielle Absicherung beider Parteien, aber auch die Betreuung und das Sorgerecht der Kinder festgesetzt werden. Jede Partei sollte gewisse Kompromisse eingehen können, nicht alle sind aber dazu bereit. Bei den Scheidungen werden dann definitive Lösungen gesucht, die in einer Scheidungskonvention festgelegt werden, welche vom Gericht genehmigt werden müssen. Falls die Kinder noch minderjährig sind, werden sie gefragt, ob sie eine Anhörung beim Gericht wünschen, damit auch ihre Wünsche und Bedürfnisse möglichst gut respektiert werden können. Sind die Eltern mit der Betreuung und Obhut der Kinder überfordert, wird die Möglichkeit angeboten, eine Erziehungsbeistandschaft zu errichten oder einen Beistand einzusetzen.

Für mich interessant sind sicher auch die Fälle bei unserem Gericht, in denen die Vaterschaft abgeklärt werden muss. Nicht immer kommen die Beteiligten zum Ziel. Aber heute gibt es viel bessere Möglichkeiten, zum Beispiel mit der DNA-Analyse. Dadurch erfährt man mit bis zu 99,9 % Sicherheit, wer der biologische Vater ist. Es ist sicher von Bedeutung, wenn man erfährt wer der leibliche Vater ist. Völlig daneben finde ich hingegen, wenn man so weit schreitet, dass ein Mensch 30 Jahre nach seinem Tod aus seinem Grab geholt wird, um die Vaterschaft zu klären. So wie kürzlich eine angebliche Tochter von Salvador Dalí vor Gericht erzwungen hat. Hier geht es offensichtlich nur um einen berühmten Namen und um viel Geld.

Seit der Einführung des neuen Rechts 2013 ist auch die Kindes- und Erwachsenenschutzbehörde beim Gericht angegliedert. Die Familiengerichtsfälle haben seither zugenommen. Durch meine Tätigkeit in der Kanzlei bin ich täglich mit Personen konfrontiert, die am Rande der Gesellschaft stehen und Hilfe vom Staat benötigen, sei es in Form von finanzieller Unterstützung oder von persönlicher Begleitung. Es ist nicht immer einfach, mit depressiven, schizophrenen und geistig erkrankten Personen zu kommunizieren, die in schweren Zeiten täglich beim Gericht anrufen. Man versucht stets, ein offenes Ohr für ihre Probleme zu haben und hört geduldig zu, obwohl man die gleiche Geschichte schon zigmal gehört hat. Schwieriger wird es mit den Querulanten, die nur noch fordern oder einen gleich anschreien, noch heikler, wenn auch noch Drohungen ausgestoßen werden, sich zum Beispiel bei jeweiligem Urteil das Leben zu nehmen. Es gab eine Frau, die mehrmals angerufen hat und verzweifelt war, weil man ihr nicht sagte, wo ihr Sohn platziert wurde. Der Jugendliche wollte aber nicht mehr zur Mutter zurück, weil er von ihr nur angeschrien und geschlagen wurde. So drohte sie mehrmals, es einer Mutter gleichzutun, die ihre beiden Kinder umgebracht hatte. Solche Telefongespräche verlangen von allen Mitarbeitern sehr viel Fingerspitzengefühl.

Mit der Errichtung einer Beistandschaft kann man vielen Leuten unter die Arme greifen. Gerade mit dem neuen Recht wurde die Möglichkeit von Beistandschaften nach Maß geschaffen: Die *Begleit-Beistandschaft*, die in konkret umschriebenen Aufgabenbereichen die Personen- oder Vermögenssorge oder Wahrung von Rechten unterstützt, die *Vertretungsbeistandschaft*, die die Personen- und/oder Vermögenssorge und/oder im Rechtsverkehr die bedürftige Person vertritt, die *Mitwirkungs-Beistandschaft*, welche die Zustimmung des Beistands zu konkret umschriebenen Rechtsgeschäften erteilt, oder die *Kombination von Beistandschaften*, je nach individuellen Bedürfnissen der betroffenen Person. Außerdem gibt es noch die *umfassende Beistandschaft* bei besonderer Hilfsbedürftigkeit, insbesondere dauernder Urteilsunfähigkeit. Diese Aufgaben werden von Beiständen übernommen, welche von der KESB ernannt werden.

Ich erlebe hautnah, wie Entscheide über komplizierte Personen- oder Familiensituationen getroffen werden müssen. Die Fälle werden im Gremium besprochen. Ein Entscheid wird nie von einer einzigen Person getroffen, sondern von Fachrichtern, die aus dem sozialen, pädagogischen oder psychologischen Bereich stammen und enorme Erfahrung im Umgang mit notbedürftigen Menschen mitbringen. Sie sind alle sehr engagiert und versuchen immer, die bestmögliche Lösung für die Betroffenen zu finden. Da bei komplexeren Fällen sehr schwierige und einschneidende Maßnahmen getroffen werden müssen, werden diese sorgfältig abgewogen. Im Mittelpunkt steht dabei immer die betroffene Person, seien es Kinder oder Erwachsene.

Es gibt Härtefälle, in denen die KESB nichts anderes entscheiden kann, als ein Kind fremd zu platzieren, um es zum Beispiel vor den Schlägen oder der Gewalt der Eltern zu schützen. Das sind sicher seltene Fälle, doch die Entscheide, die ich mitbekommen habe, sind mehr als berechtigt gewesen. Es ging tatsächlich primär um das Wohl des Kindes. Leider wird die KESB in der Öffentlichkeit häufig negativ kritisiert, wie ich finde, geschieht dies zu Unrecht. Zudem gibt es gewisse Politiker und Leute, die sich gerne in den Medien profilieren, und ein völlig verzerrtes Bild von diesen Behörden abgeben. Die Öffentlichkeit erfährt nur die Meinung der betroffenen Eltern oder Mütter, die sicher nicht begeistert sind, wenn man ihnen die Kinder wegnimmt. Die KESB darf die Fakten nicht öffentlich machen, da die Behörde der Schweigepflicht untersteht. Das ist schade, denn wenn die breite Öffentlichkeit erfahren würde, was in gewissen Familien abläuft, würden sie sicher die KESB anders beurteilen. Wenn Kinder in einem Milieu aufwachsen, wo Drogen frei herumliegen, wenn die Eltern die Kinder völlig vernachlässigen oder schlagen, dann ist es sicher berechtigt, dass diese Kinder einen Anspruch darauf haben, in einer gesunden und harmonischen Umgebung aufzuwachsen.

Die Fremdplatzierung von Kindern ist immer eine traurige Angelegenheit. Jedes Schicksal berührt mich zutiefst, es sind immer diese kleinen Seelen, die am meisten unter der Trennung von den Eltern leiden und nichts dafür können.

Von den überwiegend gut gelaufenen Fällen wird in den Medien nie berichtet. Ich bin nach wie vor überzeugt, dass es Fachleute braucht, die unabhängige Entscheide treffen, und nicht Laien, die in der gleichen Gemeinde wohnen und vielleicht sogar der betroffenen Familie nahestehen oder im selben Verein tätig sind. Diese können ganz sicher keine neutralen Entscheide treffen. Ebenso positiv äußern sich Fachleute und Gemeinden zur Arbeit der KESB. Es werden Abklärungen auch vor Ort oder im sozialen Umfeld der Betroffenen gemacht. Gerade der Anhörung von Kindern wird heute mehr Gewicht beigemessen als früher. Zudem wurden seit der Einführung des neuen Gesetzes im Allgemeinen weniger Kinder fremdplatziert. Maßnahmen kommen erst infrage, wenn Schutz und Unterstützung nicht anders gewährleistet werden können, beispielweise durch die Familie oder nahestehende Personen. Verwandtschaft heißt aber nicht automatisch, dass eine Nähe zur betroffenen Person besteht. Auch hat die Verwandtschaft nicht automatisch die Kompetenz, für den Betroffenen zu sorgen. In den meisten Fällen trifft die KESB nicht auf heile Familien.

Die Bevölkerung scheint auch vergessen zu haben, dass sie diesem neuen Gesetz per Abstimmung zugestimmt hat.

Und wenn sich die KESB einmal nicht ganz paragraphengetreu einsetzt, dann gibt es sicher einen Anwalt, der Beschwerde einlegt.

„Die KESB sollte offensiver informieren. Teilweise verstecken sie sich hinter dem Amtsgeheimnis", sagt Christoph Häfeli, emeritierte Rechtsprofessor, der am neuen Kindes- und Erwachsenenschutzrecht mitgearbeitet hat. (Beobachter vom 13.04.2017)

Mir scheint es wichtig, dass ich hier auch eine Fachrichterin im Bereich Soziale Arbeit der Kindes- und Erwachsenenschutzbehörde (welche bei uns Teil des Familiengerichts ist) zu Wort kommen lasse. Sie hat sich freundlicherweise bereit erklärt, meine Fragen zu beantworten, und gewährt einen Einblick in ihre Arbeit bei der KESB. Mit ihren interessanten und spannenden Schilderungen zeigt sie die Vorgehensweise der Kindes- und Erwachsenenschutzbehörde auf.

Sie arbeiten als Fachrichterin bei der KESB. Wo waren Sie früher tätig und was bringen Sie für Erfahrung mit?

Nach dem Studium an der Universität Fribourg mit Hauptfach Sozialarbeit und den beiden Nebenfächern Pädagogik und pädagogische Psychologie sowie Sozialforschung und -entwicklung habe ich während vier Jahren als Sozialarbeiterin für eine größere Gemeinde im Kanton Aargau hauptsächlich im Bereich Sozialhilfe gearbeitet. Danach leitete ich während acht Jahren einen regionalen, polyvalenten Sozialdienst, welcher für verschiedene kleinere

Gemeinden im Kanton Aargau die Bereiche Mandatsführung Kindes- und Erwachsenenschutz, Sozialhilfe, Abklärung von Gefährdungsmeldungen, freiwillige Beratung, Lohnverwaltung, Vaterschaftsabklärungen und Unterhaltsverträge sowie Pflegeplatzabklärungen und -aufsichten übernahm. Neben den Leitungsaufgaben arbeitete ich vorwiegend als Beiständin im Kindes- und Erwachsenenschutz und führte Abklärungen in diesen Bereichen durch. Vor rund eineinhalb Jahren wechselte ich ans Familiengericht, wo ich nun als Fachrichterin im Bereich Soziale Arbeit tätig bin.

Wie ist die KESB im Kanton Aargau organisiert?
Anders als in der Mehrheit der Kantone, wurde die Kindes- und Erwachsenenschutzbehörde im Kanton Aargau in die Bezirksgerichte integriert. Im Kanton Aargau ist die KESB somit ein Teil des Familiengerichts. Bei der Entscheidungsfindung in den Kindes- und Erwachsenenschutzfällen sind immer eine Gerichtspräsidentin oder ein Gerichtspräsident (Juristin oder Jurist) sowie zwei Fachrichterinnen oder Fachrichter aus den Fachbereichen Soziale Arbeit und Pädagogik/Psychologie involviert. Mit dieser Interdisziplinarität soll gewährleistet werden, dass – wenn möglich zusammen mit der hilfsbedürftigen Person – eine möglichst gute Entscheidung getroffen werden kann, welche der meist schwierigen Situation der betroffenen Person gerecht wird.

In welchen Fällen wird die KESB einbezogen?

Damit die KESB aktiv wird, braucht es eine Meldung, welche bei der KESB eingereicht wird. Bei Erwachsenen ist es oft der Fall, dass die betroffene Person sich selber bei der KESB meldet und um Hilfe in Form einer Beistandschaft bittet. Melden sich Dritte, sind es meistens besorgte Angehörige oder beispielsweise Ärztinnen und Ärzte, Spitexmitarbeitende, Beratungsstellen oder Altersheime. Oft geht es darum, dass jemand aufgrund von psychischen, physischen, kognitiven oder altersbedingten Einschränkungen nicht mehr in der Lage ist, seine Angelegenheiten selbstständig erledigen zu können. Die Einschränkung einer Person allein reicht aber nicht aus, um eine Beistandschaft zu errichten. Kann man sich selber helfen oder können Dritte das übernehmen, hat das immer Vorrang. Eine behördliche Maßnahme wird erst dann errichtet, wenn jemand nicht in der Lage ist, seine Angelegenheiten selber zu regeln oder selbstständig Hilfe von Dritten wie zum Beispiel Hilfe aus dem privaten Umfeld, privaten Organisationen oder öffentlichen Sozialdiensten anzufordern. In einem solchen Fall wird in der Regel eine Beiständin oder ein Beistand eingesetzt, beispielsweise mit der Aufgabe, die hilfsbedürftige Person in administrativen Angelegenheiten zu unterstützen, ihr im Umgang mit Behörden oder Versicherungen behilflich zu sein oder ihr Einkommen und Vermögen zu verwalten. Weiter kann zum Beispiel auch Unterstützung im Zusammenhang mit der Ausbildung, Gesundheit oder dem Aufbau einer Tagesstruktur festgelegt werden. Im Gegensatz zum alten Recht, wo die Maßnahmen allgemein definiert wurden, werden die Maßnahmen seit Einführung des neuen Rechts für jede einzelne Person maßgeschneidert festgelegt. Das erleichtert die Aufgabe der Beiständinnen und Beistände, da ihre Zuständigkeiten klar sind. Auch für die hilfsbedürftige Person ist es wichtig zu wissen, was genau die Aufgaben und Kompetenzen der Beiständin oder des Beistandes beinhalten.

Bei Kindern erhält die KESB vorwiegend Gefährdungsmeldungen von Schulen, den Kinderschutzgruppen der Kantonsspitäler oder es melden sich getrennte Elternteile wegen Schwierigkeiten bei der Umsetzung des Besuchsrechtes. Manchmal ist bei Erwachsenen und Kindern auch eine Meldung der Polizei Auslöser für die Einleitung eines Verfahrens durch die KESB.

Was passiert mit einer Meldung, die bei der KESB eingereicht wird?

Beim Familiengericht Kulm wird die Meldung als erstes in der Gerichtskanzlei erfasst, ein Dossier erstellt und die Dringlichkeit geklärt. Eine normale Meldung wird an der nächsten wöchentlichen Fallbesprechungssitzung besprochen. Dabei wird die Situation der betroffenen Person erfasst und das weitere Vorgehen diskutiert. Neben den Gerichtspräsidentinnen und Gerichtspräsidenten und den Fachrichterinnen wird unser Team zusätzlich von einer Sozialarbeiterin unterstützt. An dieser Fachbehördensitzung wird dann eine Person bestimmt, die für die Weiterbearbeitung des Dossiers zuständig ist. Diese kümmert sich umgehend darum, mit den betroffenen Personen oder bei Kindern mit deren Eltern Kontakt aufzunehmen. Es ist sehr wichtig, dass die betroffenen Personen darüber informiert sind, dass ein Verfahren eingeleitet wurde, damit sie darauf reagieren können. Im Anschluss daran werden die betroffenen Personen angehört, es werden Abklärungen vorgenommen oder in Auftrag gegeben und gemeinsam mit den betroffenen Personen nach Möglichkeiten gesucht, wie ihre Situation verbessert werden könnte. Nach dieser Phase des Verfahrens bringt die fallbearbeitende Fachperson den Fall wieder an die nächste Fallbesprechungssitzung und es wird gemeinsam diskutiert, ob und, wenn ja, was für Maßnahmen nötig sind. In der Folge wird der betroffenen Person ein Entscheid mit Hinweis auf die Beschwerdemöglichkeiten zugestellt.

Handelt es sich bei der Meldung an die KESB um einen dringlichen Fall wie zum Beispiel um einen Antrag auf Notplatzierung eines Kindes in einem Heim, wird dieser am gleichen Tag bearbeitet und es wird geklärt, ob superprovisorische Maßnahmen einzuleiten sind.

Können Sie uns ein paar Beispiele aus dem Alltag nennen?

Ganz konkrete Beispiele für Meldungen bei Erwachsenen sind etwa ein Brief eines erwachsenen Sohnes, der befürchtet, seine betagte und imaginäre Stimmen hörende Mutter könne nicht mehr ohne Hilfe zuhause wohnen, ein Schreiben einer schwer depressiven Frau, welche sich nicht mehr in der Lage fühlt, ihre Post zu öffnen, ein Brief von Eltern einer bald volljährigen, behinderten Tochter, welche aufgrund ihrer kognitiven Einschränkung ab Volljährigkeit eine rechtliche Vertretung braucht, die Mitteilung eines Spitals, dass eine Patientin nach einem schweren Autounfall nicht mehr in der Lage sei, ihre administrativen und finanziellen Angelegenheiten zu erledigen, die Meldung eines Sohnes, der vermutet, sein Bruder würde sich am Vermögen seiner Eltern bedienen, ein Schreiben eines Arztes, dass eine junge Frau aufgrund unbezahlter Krankenkassenprämien keinen Zugang zu dringend benötigter medizinischer Hilfe erhält oder eine Meldung der Polizei, die vermutet, dass ein älterer Mann aufgrund einer massiv vollgestopften und dreckigen Wohnung Hilfe benötigt.

Konkrete Beispiele bei Kindern sind die Meldung einer Tante, dass sich ein 13-jähriges Mädchen weigert, nach Hause zu gehen, die Information einer Schulleitung, dass ein 5-jähriger Knabe den Kindergarten mit dreckigen und stinkenden Kleidern besucht, viele unentschuldigte Absenzen aufweist und aufgrund blauer Flecken die Vermutung im Raum steht, dass das Kind geschlagen werde, eine Gefährdungsmeldung der Kinderschutzgruppe des Kantonsspitals Aarau, die ein Ehepaar mit zwei kleinen Kindern betrifft und meldet, dass der Vater aufgrund von massivem Alkoholmissbrauch regelmäßig seine Frau schlägt, ein Brief eines geschiedenen Vaters, der Hilfe bei der Umsetzung des Besuchsrechts wünscht, da er seine drei Kinder schon seit vier Monaten nicht mehr sehen konnte, ein Hilferuf einer alleinerziehenden Mutter, dass ihr 14-jähriger, kiffender Sohn sie schlage oder eine Meldung der Polizei, dass bei einem Einsatz ein völlig verwahrlostes einjähriges Mädchen angetroffen worden sei, das in einer von Hunden verkoteten Wohnung umherkrabbelt.

Wie häufig sind die Fälle, bei denen Kinder fremdplatziert werden müssen?

Als Vorbemerkung zu dieser Frage möchte ich erwähnen, dass bei der Bearbeitung von Kindesschutzfällen immer versucht wird, die Eltern so zu unterstützen, dass sie die Verantwortung für ihre Kinder wieder adäquat übernehmen können. Dazu kann beispielsweise die Vermittlung einer Erziehungsberatung, einer sozialpädagogischen Familienbegleitung oder die Errichtung einer Beistandschaft mit dem Auftrag, die Eltern und das Kind zu begleiten, eine zielführende Maßnahme sein. Viele Eltern sind froh, Unterstützung zu erhalten, und nutzen die angebotenen Hilfsangebote zuverlässig. Andere Eltern empfinden sie als unnötig und lästig und sehen nicht ein, dass ihr Verhalten zu Entwicklungsbeeinträchtigungen und zu sehr belastenden Erfahrungen für ihr Kind führen kann. Besonders für Kinder, die mit psychisch kranken, gewalttätigen oder suchterkrankten Elternteilen aufwachsen, gestaltet sich die Situation schwierig und manchmal ist für ein Kind eine Platzierung in einem Heim oder in einer Pflegefamilie vorübergehend oder langfristig die bessere Lösung, wenn es den Eltern nicht gelingt, die Kindswohlgefährdung alleine oder mit Hilfe Dritter abzuwenden. Selbstverständlich können Eltern, deren Kinder platziert werden müssen, auch Vorschläge vorbringen, durch wen ihre Kinder betreut werden könnten. Diese Vorschläge werden dann geprüft. Können geeignete Verwandte wie beispielsweise die Großeltern, eine Tante oder ein Onkel das Kind aufnehmen, hat das Priorität. Manchmal verhindern jedoch innerfamiliäre Spannungen und Konflikte solche Lösungen.

Auch in diesem Bereich ist es mir wichtig zu erwähnen, dass die KESB nur dann Platzierungen vornimmt, wenn ein Kind gefährdet ist und die Eltern selber nichts dagegen unternehmen können. Die KESB wird also erst dann involviert, wenn eine Platzierung nötig ist und die Eltern damit nicht einverstanden sind. Die meisten Platzierungen von Kindern werden ohne die KESB direkt durch die Eltern meistens in Zusammenarbeit mit der Schule beispielsweise bei Verwandten oder in Schulheimen vorgenommen.

Sie hatten früher bei Ihrer Arbeit auf einem regionalen Sozialdienst auch mit Vormundschaftsbehörden zu tun. Wo sehen Sie Unterschiede zwischen den Vormundschaftsbehörden und der KESB?

Bis Ende 2012 bildete der Gemeinderat der Wohnsitzgemeinde einer hilfsbedürftigen Person die Vormundschaftsbehörde, es war also eine Laienbehörde. Je nach Gemeinderat und Gemeindeschreiberin oder Gemeindeschreiber war in den Gemeindeverwaltungen unterschiedliches Wissen über das Vormundschaftsrecht vorhanden. Je nach Gemeinderat gab es auch große Unterschiede, wie mit den Anträgen des Sozialdienstes betreffend der Maßnahmen für eine hilfsbedürftige Person umgegangen wurde. Bei manchen Vormundschaftsbehörden stand bei der Diskussion eher das Wohl der hilfsbedürftigen Personen im Vordergrund, bei anderen eher die finanziellen Auswirkungen der zu treffenden Entscheidung.

Für mich steht es außer Debatte, dass mit der Einführung der Kindes- und Erwachsenenschutzbehörden eine notwendige Professionalisierung stattgefunden hat. Es erscheint mir sehr wichtig, dass zum Beispiel alle Gefährdungsmeldungen unabhängig von der Stellung einer Person in einer Gemeinde gleich behandelt werden oder dass Juristinnen und Juristen der KESB in der Regel genau darauf achten, dass rechtliche Abläufe eingehalten werden wie beispielsweise, dass die betroffenen Personen – Erwachsene wie auch Kinder – angehört oder dass während eines Kindesschutzverfahrens den betroffenen Eltern laufend sämtliche Unterlagen zur Kenntnis- oder Stellungnahme zugestellt werden. Auch die für die KESB abklärenden Sozialdienste und Kinder- und Erwachsenenschutzdienste (KESD), welche die Beistandschaften führen, sind heute alle angehalten, aussagekräftige Berichte mit gut begründeten Anträgen zu schreiben. Je nach Sozialdienst wurde das ebenfalls unterschiedlich gehandhabt. Außerdem haben die von einer angeordneten Maßnahme betroffenen Personen die Möglichkeit, sich gegen die Anordnung des Familiengerichtes beim Obergericht und gegen dessen Entscheidungen beim Bundesgericht zu beschweren. Der Rechtsschutz ist im neuen Recht also ausgebaut worden.

Ich finde es richtig und zentral, dass Fachpersonen über solch wichtige und schwierige Entscheidungen wie beispielsweise die Errichtung einer Beistandschaft, die Aufhebung des Aufenthaltsbestimmungsrechtes über ein Kind oder die Platzierung eines Kindes entscheiden.

Was wird heute veranlasst, wenn ein Kind in einer Pflegefamilie untergebracht wird?

Gemäß Einführungsgesetz zum Schweizerischen Zivilgesetzbuch und Partnerschaftsgesetz (EG ZGB) des Kantons Aargau ist die Gemeinde, in welcher das Pflegekind untergebracht wird, zuständig für die Bewilligung eines Pflegeplatzes sowie für die Aufsicht über den Pflegeplatz. Die für die Bewilligung nötigen Abklärungen sowie die Aufsichten werden oft den Gemeindesozialdiensten oder einer anderen Stelle in Auftrag gegeben. Ist es nötig, dass ein Kind durch die KESB platziert werden muss, wird meistens eine Beistandschaft für das Kind errichtet, mit der Aufgabe, die Platzierung zu begleiten.

Wie erleben Sie Personen, die sich zum ersten Mal mit der KESB konfrontiert sehen?

Die betroffenen Personen, welche sich nicht selber bei unserem Familiengericht gemeldet haben, sind oft verunsichert, wenn wir sie kontaktieren. Einerseits ist es für die Leute beängstigend, wenn sie Post von einem Gericht erhalten und sie nicht genau wissen, was auf sie zukommt, andererseits macht die negative Presse über die KESB den Leuten Angst. Es ist deshalb immer von großer Bedeutung, transparent zu sein, den Betroffenen zu erklären, woher die Meldung stammt, und sie darüber zu informieren, dass es beim Familiengericht darum geht, hilfsbedürftigen Personen – wenn nötig – Unterstützung zukommen zu lassen. Manchmal braucht es dabei eine behördliche Maßnahme, manchmal reicht es, sie an Fachstellen wie die Gemeindesozialdienste oder andere Beratungsstellen zu verweisen. Manchmal brauchen die Personen gar keine Hilfe, da sich beispielsweise die Situation der Person mittlerweile verändert hat oder da sich die Angaben des Melders als falsch herausstellten.

Oft sind die betroffenen Personen nach dem Gespräch erleichtert und froh zu wissen, wie es weitergehen könnte.

Was können Sie betroffenen Personen raten, wenn sie in einen KESB-Fall in-volviert sind?

Ich würde den Betroffenen raten, die KESB als Unterstützung anzusehen und gemeinsam mit den Fachpersonen eine gute Lösung für sich oder das betroffene Kind zu suchen.

Mein Dank

Ich bin unendlich dankbar, dass mir die Möglichkeit geschenkt wurde, meine Lebensgeschichte zu publizieren. Nie hätte ich daran gedacht, je ein Buch zu schreiben. Dass ich als Nobody diese Chance erhalten habe, ist für mich unglaublich. Somit möchte ich zuallererst dem Cameo Verlag ganz herzlich danken, für die Chance, die mir gegeben wurde, mein Buch zu veröffentlichen und für das Vertrauen, das die Verlagsleitung und die -mitarbeiter mir schenken. Dass sie an mich geglaubt haben, obwohl sie nichts über mich wussten. Sie haben mir die Möglichkeit gegeben, die Vergangenheit zu bewältigen. Im ganzen Schreibprozess durfte ich immer wieder fast unglaubliche, schicksalhafte Zufälle erleben, alles passte zusammen. Intuition, Telepathie, Begegnungen – alles verlief mit einer tiefen Harmonie. Ein tolles Team stand mir die ganze Zeit bei und hat mich ständig unterstützt. Es war wirklich eine wunderbare Zusammenarbeit. Cameo, ein Verlag mit Herz! Besonders möchte ich aber Gabriel Palacios und Rafael Schlegel danken, die mit ihrer aufgestellten, unkomplizierten, liebenswürdigen und feinfühligen Art immer für mich da waren. Für mich sind es zwei Engel auf Erden! Aus dem tiefsten meines Herzens: ganz herzlichen Dank!

Herzlichen Dank an meine Lektorin Frau Katja Völkel für Ihre Arbeit.

Ein Dankeschön aus tiefstem Herzen gilt meinem allerliebsten Ehemann Thomas. Er hat mich die ganze Zeit grandios unterstützt. Er war mein Ideenflüsterer und hat mir mit guten Ratschlägen zur Seite gestanden, ich konnte ihm immer alles anvertrauen. Mein Mann hat mich immer wieder aufgebaut und ermuntert, wenn sich Zweifel und Überforderung breitgemacht haben. Er sagte oft zu mir: „Du schafft es. Es kommt schon gut." Ohne diese tägliche Ermunterung wäre das Buch sicher nicht das geworden, was es ist und ich hätte vielleicht aufgegeben. Lieben Dank auch für dein erstes, bestimmt mühsames Lektorat. Merci vielmals, mein Schatz!

Meiner liebsten Freundin und Seelenverwandten danke ich von Herzen, dass sie mir ihre Adoptionsgeschichte geschenkt hat und somit Teil dieses Buches werden durfte. Obwohl es eine traurige Geschichte ist, ist sie eine echte Bereicherung für mein Buch. Wir haben uns oft über das Thema Adoption ausgetauscht und wertvolle Gespräche geführt. Wir wissen beide stets, wovon wir sprechen. Schön, dass es dich gibt!

Ganz lieben Dank auch einer weiteren guten **Freundin** für die berührende Schilderung ihrer Erlebnisse über das Adoptionsverfahren, wie es heutzutage durchgeführt wird. Ihrem lieben Ehemann bin ich zutiefst mit Dank erfüllt für das wunderschöne Gedicht, das er für die Ankunft seines

Adoptionskindes geschrieben hat und das ich in diesem Buch verewigen darf.

Für den Einblick in die Arbeit der KESB danke ich herzlich der lieben Fachrichterin, die sich bereit erklärt hat, meine Fragen zu beantworten. Mit ihren interessanten und spannenden Schilderungen zeigt sie die Vorgehensweise der Kindes- und Erwachsenenschutzbehörde auf. Eine Behörde, die ihre Arbeit ernst nimmt und auch mal ein Lob verdient.

Aufrichtig bedanken möchte ich mich auch bei den Juristen, die den etwas technischeren Teil meines Buches begutachtet haben. Danke für das sorgfältiges Lektorieren und die wertvollen Anregungen.

Für das tolle Make-up anlässlich des Fotoshootings möchte ich meinem allerliebsten Patenkind Romina danken. Als diplomierte Visagistin hat sie mich so im besten Licht erscheinen lassen.

Diese geschenkte Chance, ein Buch zu schreiben, war für mich schon das Größte, was ich erleben durfte. Somit will ich meinen vollständigen Verdienst für einen guten Zweck einsetzen. Er soll Kindern und Tieren in Not zukommen. Nur so bekommt die Widmung von Gabriel Palacios, „Du kannst ganz vielen helfen“, wirklich einen tiefen Sinn. Mein Lohn ist die Versöhnung mit der Vergangenheit.

ICH SEHE DICH

Wie die mentale Kraft des Unterbewusstseins dein Leben positiv verändert

»Seine Entscheidung fand seinen Ursprung in einem Gedanken, der nur ihm gehörte.

Ihm allein. Und ich wünschte mir, ich hätte ihm meinen Gedanken schenken können. Doch nun ist es zu spät. Und der Gedanke an ihn ist das letzte, was mir bleibt«

Er ist jung, erfolgreich und wollte bereits als Kind wissen, wie man die Welt der Gedanken lesen kann. Gabriel Palacios hat einen erstaunlichen und schicksalhaften Werdegang hinter sich und ist schon in jungen Jahren auf der Karriereleiter ganz oben angelangt.

Zu verdanken hat er das seiner ausgeprägten Intuition und seinen verblüffenden Fähigkeiten, sich in die Gedanken anderer Menschen einzulesen. Die Fähigkeiten von Gabriel Palacios im Gedankenlesen sind gekoppelt mit seinen aussergewöhnlichen Fähigkeiten, Menschen mittels Hypnosetherapie zu helfen, zu heilen, und von Süchten oder Ängsten zu befreien.

Das Buch enthält auch viele Tipps, wie wir unser Leben durch den gezielten Umgang mit unserem Unterbewusstsein mental positiv bereichern können.

Das ermöglicht nicht nur, den Umgang mit Mitmenschen und in zwischenmenschlichen Beziehungen, im Beruf wie im Alltag, zu erleichtern, sondern hilft auch, sich selbst geistig weiterzuentwickeln und anderen mental zu helfen.

VERKAUFT!

Meine verbrannte Kindheit in Sklaverei

Als Wüstenkind geboren, als Sklavin gehandelt und als Mädchen verheiratet

Aicha Laoula wurde als Berberin bereits im Kleinkindalter Opfer des afrikanischen Sklavenhandels. Ihre Mutter verkaufte sie über zehn Jahre hinweg immer und immer wieder

an reiche Leute – anfangs zum Preis von nur einem Stück Brot. Sklaverei, tödliche Intrigen und Folter gehörten für sie zur Tagesordnung.

Aicha Laoula erzählt ihre bewegende Geschichte und klärt dabei über die unhaltbaren Zustände in vielen Regionen Afrikas auf, die bei uns in Europa meist kaum wahrgenommen werden.

Sie hat den Schritt in die Freiheit gewagt und möchte mit ihrem Bericht auch die Leserinnen und Leser ermutigen, an ein glückliches und erfülltes Leben zu glauben. Heute lebt die gebürtige Marokkanerin mit ihrem jetzigen Ehemann glücklich in der Schweiz.

Buch mit Schutzumschlag
418 Seiten
ISBN: 978-3-9524151-3-9
Cameo Verlag

www.cameo-verlag.ch

LASS DICH EINFACH GESCHEHEN

Mit Einsicht in die Gelassenheit

Die meisten unserer Gedanken finden auf rein unbewusster Ebene statt. Unser Unterbewusstsein widerspiegelt den Teil unseres Geistes, der Erfahrungen in Form von Gedanken und Gefühlen projiziert. Die Mehrheit der negativen Gedanken und Gefühle, die uns tagtäglich das Leben erschweren wollen, haben keinen Realitätsbezug und dienen lediglich dem übermäßigen Sicherheitsbedürfnis des Unterbewusstseins.

Wer mit Einsicht die richtigen Perspektiven erlangt, dem wird es möglich sein, das eigene Leben maßgebend positiv zu beeinflussen.

In diesem Buch vermittelt Bestsellerautor und Gedankenexperte Gabriel Palacios nicht nur aufklärendes Wissen im Umgang mit dem Unterbewusstsein, sondern weist uns mit einfachen Tipps den Weg zu mehr Gelassenheit und geistigem Wohlbefinden.

Auf authentische Art und Weise teilt er seine Methoden und Erkenntnisse, mit welchen er aus eigenen negativen Gedanken und Gefühlen herausfand, welche ebenfalls durch Prägungen und Schicksalsschläge aufgekommen waren.

Buch mit Schutzumschlag
226 Seiten
ISBN: 978-3-906287-07-2
Cameo Verlag

www.cameo-verlag.ch